**educamos·sm**

## Caro aluno, seja bem-vindo à sua plataforma do conhecimento!

A partir de agora, você tem à sua disposição uma plataforma que reúne, em um só lugar, recursos educacionais digitais que complementam os livros impressos e são desenvolvidos especialmente para auxiliar você em seus estudos. Veja como é fácil e rápido acessar os recursos deste projeto.

### 1 Faça a ativação dos códigos dos seus livros.

**Se você NÃO tiver cadastro na plataforma:**
- Para acessar os recursos digitais, você precisa estar cadastrado na plataforma educamos.sm. Em seu computador, acesse o endereço <br.educamos.sm>.
- No canto superior direito, clique em "**Primeiro acesso? Clique aqui**". Para iniciar o cadastro, insira o código indicado abaixo.
- Depois de incluir todos os códigos, clique em "**Registrar-se**" e, em seguida, preencha o formulário para concluir esta etapa.

**Se você JÁ fez cadastro na plataforma:**
- Em seu computador, acesse a plataforma e faça o *login* no canto superior direito.
- Em seguida, você visualizará os livros que já estão ativados em seu perfil. Clique no botão "**Adicionar livro**" e insira o código abaixo.

CB049934

Este é o seu código de ativação! → **DZJ7Z-3ZEBR-AD4PP**

### 2 Acesse os recursos.

**Usando um computador**

Acesse o endereço <br.educamos.sm> e faça o *login* no canto superior direito. Nessa página, você visualizará todos os seus livros cadastrados. Para acessar o livro desejado, basta clicar na sua capa.

**Usando um dispositivo móvel**

Instale o aplicativo **educamos.sm**, que está disponível gratuitamente na loja de aplicativos do dispositivo. Utilize o mesmo *login* e a mesma senha da plataforma para acessar o aplicativo.

**Importante!** Não se esqueça de sempre cadastrar seus livros da SM em seu perfil. Assim, você garante a visualização dos seus conteúdos, seja no computador, seja no dispositivo móvel. Em caso de dúvida, entre em contato com nosso canal de atendimento pelo **telefone 0800 72 54876** ou pelo *e-mail* atendimento@grupo-sm.com.
BRA190911_908

# Vamos Aprender 3

## HISTÓRIA

ANOS INICIAIS DO ENSINO FUNDAMENTAL

### Caroline Minorelli

Bacharela e licenciada em História pela Universidade Estadual de Londrina (UEL-PR).
Especialista em História e Teorias da Arte: Modernidade e Pós-Modernidade pela UEL-PR.
Atuou como professora da rede pública no Ensino Fundamental e no Ensino Médio no estado
do Paraná. Autora de livros didáticos para o Ensino Fundamental.

### Charles Chiba

Bacharel e licenciado em História pela UEL-PR. Especialista em História Social
e Ensino de História pela UEL-PR. Professor de História da rede particular de ensino.
Autor de livros didáticos para o Ensino Fundamental.

São Paulo, 2ª edição, 2020

*Vamos aprender* História 3
© SM Educação
Todos os direitos reservados

**Direção editorial:** M. Esther Nejm
**Gerência editorial:** Cláudia Carvalho Neves
**Gerência de *design* e produção:** André Monteiro
**Coordenação de *design*:** Gilciane Munhoz
**Coordenação de arte:** Melissa Steiner Rocha Antunes
**Coordenação de iconografia:** Josiane Laurentino
**Assistência administrativa editorial:** Fernanda Fortunato

**Produção editorial:** Scriba Soluções Editoriais
**Supervisão de produção:** Priscilla Cornelsen Rosa
**Edição:** Alexandre de Paula Gomes
**Preparação de texto:** Shirley Gomes
**Revisão:** Claudia Maietta, Viviane Teixeira Mendes
**Edição de arte:** Mary Vioto, Barbara Sarzi, Janaina Oliveira
**Pesquisa iconográfica:** André Silva Rodrigues
**Projeto gráfico:** Marcela Pialarissi, Rogério C. Rocha

**Capa:** Gilciane Munhoz
**Ilustração de capa:** Brenda Bossato
**Pré-impressão:** Américo Jesus
**Fabricação:** Alexander Maeda
**Impressão:** A.R. Fernandez

Dados Internacionais de Catalogação na Publicação (CIP)
(Câmara Brasileira do Livro, SP, Brasil)

Minorelli, Caroline
 Vamos aprender história, 3º ano : ensino fundamental, anos iniciais / Caroline Minorelli, Charles Chiba. – 2. ed. – São Paulo : Edições SM, 2020.

 Suplementado pelo manual do professor.
 Bibliografia.
 ISBN 978-65-5744-063-6 (aluno)
 ISBN 978-65-5744-064-3 (professor)

 1. História (Ensino fundamental) I. Chiba, Charles. II. Título.

20-35873            CDD-372.89

Índices para catálogo sistemático:

1. História : Ensino fundamental 372.89
 Cibele Maria Dias - Bibliotecária - CRB-8/9427
2ª edição, 2020
3ª impressão, dezembro 2023

**SM Educação**
Rua Tenente Lycurgo Lopes da Cruz, 55
Água Branca  05036-120  São Paulo  SP  Brasil
Tel. 11 2111-7400
atendimento@grupo-sm.com
www.grupo-sm.com/br

Caro aluno, cara aluna,

Você começou a aprender e a fazer descobertas antes mesmo de entrar na escola. Este livro foi criado para demonstrar o quanto você já sabe e o quanto ainda pode aprender. Ele também vai ajudar você a conhecer mais sobre si e a entender melhor o mundo em que vivemos.

Vamos conhecê-lo!

**Abertura**

No início de cada unidade, você vai encontrar uma imagem e o **Ponto de partida** com questões para que converse com os colegas sobre o assunto.

**Pratique e aprenda**

Para colocar em prática o que aprendeu por meio de atividades.

**Para fazer juntos!**

Oportunidade para que você e os colegas trabalhem juntos em alguma atividade.

### Por dentro do tema

Você e os colegas poderão refletir e conversar sobre temas importantes para nossa sociedade, como saúde, meio ambiente e direitos humanos.

### Divirta-se e aprenda

Aqui você encontrará brincadeiras, atividades e jogos relacionados aos conteúdos da unidade.

### Fazendo história

Veja pequenas biografias de pessoas que participaram dos processos históricos relacionados aos temas das unidades.

Você vai analisar diferentes fontes históricas, como fotos, pinturas e documentos pessoais.

### Vocabulário

Para ajudar você a compreender os textos, algumas palavras aparecem destacadas e o significado delas é apresentado na página.

### Que curioso!

Informações curiosas relacionadas ao conteúdo estudado você encontra aqui.

**Aprenda mais!**

Veja sugestões de livros, filmes, *sites*, vídeos e músicas.

**Boxe complementar**

Você vai conhecer um pouco mais sobre os assuntos estudados na unidade.

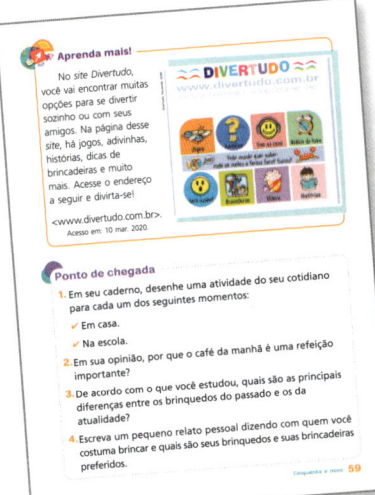

**Ponto de chegada**

Vai ajudar você a revisar os conteúdos estudados na unidade.

Aqui você vai ver dicas, comentários e reflexões que contribuem para o seu desenvolvimento e sua relação com os outros e com o mundo. Veja alguns exemplos.

**Conheça os ícones**

 Responda à atividade oralmente.

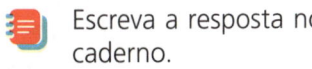 Escreva a resposta no caderno.

# SUMÁRIO

## UNIDADE 1 — O bairro e a cidade ..... 8

**Tipos de bairros** ..... 10
- Investigue e aprenda
  - O bairro onde eu moro ..... 11
- Divirta-se e aprenda
  - Qual é o bairro? ..... 12

**A convivência no bairro** ..... 14
- Pratique e aprenda ..... 17

**Mudanças na cidade e no bairro** ..... 20
- Pratique e aprenda ..... 22
- Para fazer juntos! ..... 24

**O bairro tem história** ..... 26
- Pratique e aprenda ..... 30
- Aprenda mais! ..... 31
- Por dentro do tema
  - Os serviços essenciais do bairro ..... 32

## UNIDADE 2 — O cotidiano ..... 34

**As atividades do cotidiano** ..... 36
- Pratique e aprenda ..... 38

**Os diferentes cotidianos** ..... 40
- Por dentro do tema
  - A importância do café da manhã ..... 42
- Pratique e aprenda ..... 44
- Para fazer juntos! ..... 45
- Aprenda mais! ..... 45

**O cotidiano no passado** ..... 46
- As crianças e o cotidiano no passado ..... 48
- Pratique e aprenda ..... 50

**Brinquedos e brincadeiras** ..... 52
- Pratique e aprenda ..... 54
- Divirta-se e aprenda
  - Lenço atrás ..... 55

**Lembranças de brincadeiras** ..... 56
- Pratique e aprenda ..... 57
- Investigue e aprenda
  - Brinquedos e brincadeiras de antigamente ..... 58
- Aprenda mais! ..... 59

## UNIDADE 3 — O trabalho e as profissões ......... 60

**O trabalho** .................. 62
- Para fazer juntos! .............. 64
- Pratique e aprenda ............. 65

**As profissões** ............... 66
- Pratique e aprenda ............. 68
- Aprenda mais! .................. 68

**As pessoas com deficiência e o trabalho** ........ 69
- Pratique e aprenda ............. 70

**As profissões do passado** ..... 72

**A permanência das profissões** ................. 74
- Pratique e aprenda ............. 76
- Por dentro do tema
  - As crianças trabalhadoras ... 78
- Pratique e aprenda ............. 80
- Fazendo história
  - Ziraldo Alves Pinto .......... 81

**As mulheres e o trabalho** ..... 82

**Os homens e o trabalho doméstico** ............ 84
- Pratique e aprenda ............. 85

**Novas tecnologias e novas profissões** ........... 87
- Pratique e aprenda ............. 89
- Divirta-se e aprenda
  - Os profissionais e os instrumentos de trabalho ..... 92

## UNIDADE 4 — Costumes e hábitos no cotidiano ................. 94

**Os costumes do dia a dia** ...... 96
- Pratique e aprenda ............. 98
- Por dentro do tema
  - Uma diversidade de tradições ........... 100
- Pratique e aprenda ............. 102

**A importância da alimentação saudável** ................... 103

**Hábitos alimentares no Brasil** ................... 104
- Divirta-se e aprenda
  - Vamos fazer arroz-doce! ..... 106
- Aprenda mais! ................. 107

**O vestuário** .................. 108
- Pratique e aprenda ............. 109

**As mudanças na maneira de se vestir** ......... 110
- Pratique e aprenda ............. 112
- Para fazer juntos! ............. 114
- O uso de peles de animais .... 115

**Lazer e tempo livre** .......... 116
- Pratique e aprenda ............. 118

**O lazer em outras épocas** .... 120
- Investigue e aprenda
  - Cinema no Brasil ............ 122
- Fazendo história
  - Cláudio Thebas .............. 124
- Pratique e aprenda ............. 125
- Aprenda mais! ................. 127

**Bibliografia** .................. 128

# unidade 1
## O bairro e a cidade

## Ponto de partida

1. Quais elementos presentes na imagem indicam se tratar de um bairro antigo?

2. Quais elementos indicam que o bairro passou por transformações ao longo dos anos?

3. Você conhece os bairros mais antigos da sua cidade? Qual é a história desses bairros? Como eles são?

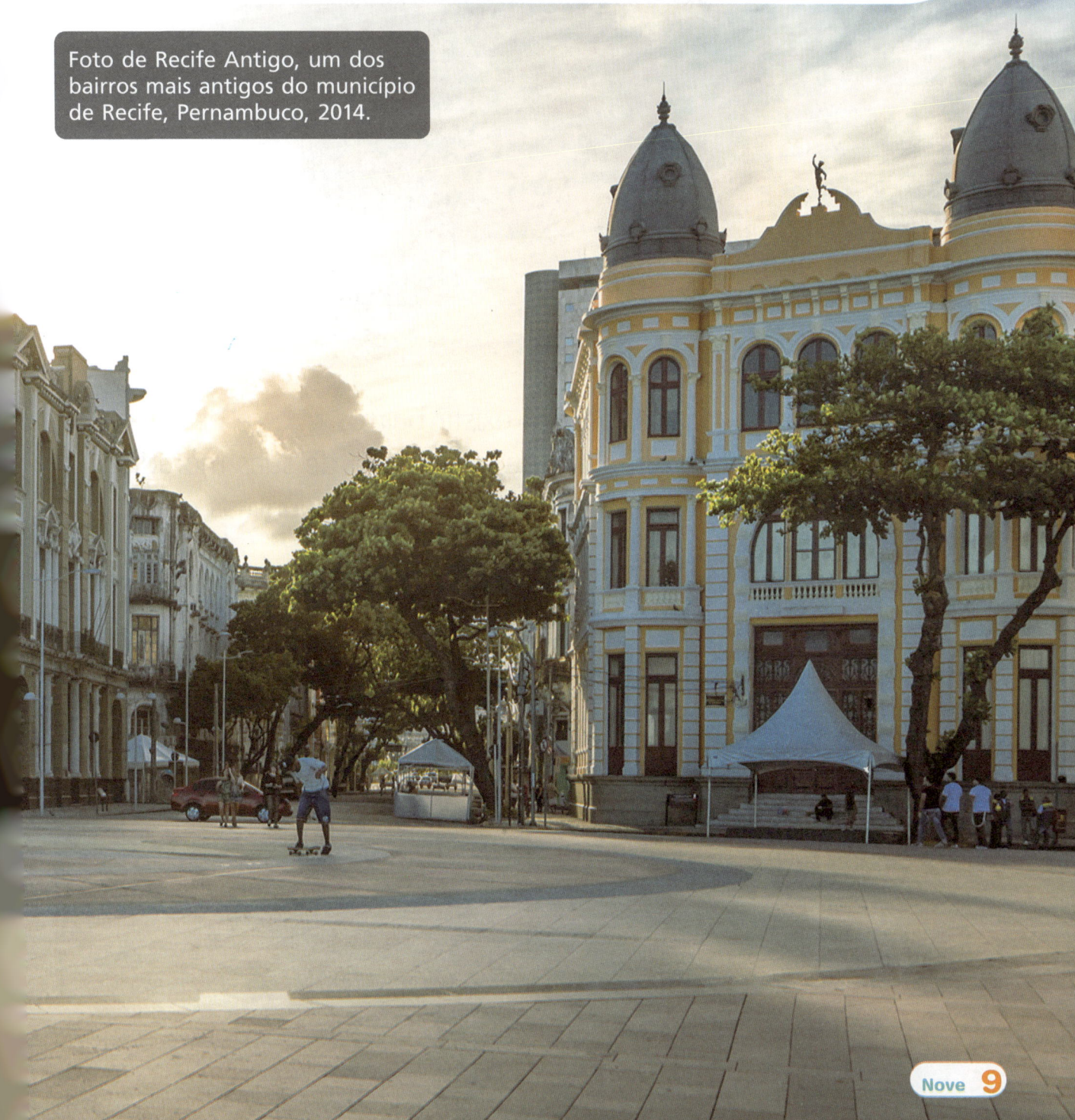

Foto de Recife Antigo, um dos bairros mais antigos do município de Recife, Pernambuco, 2014.

## Tipos de bairros

A cidade está dividida em diferentes bairros. Geralmente, os bairros possuem moradias; estabelecimentos comerciais, como lojas, mercados, padarias, quitandas; e prédios públicos, como escolas, creches e hospitais.

Foto que mostra a vista de um bairro com várias residências, no município do Rio de Janeiro, em 2016.

Em uma mesma cidade, podem existir bairros que se destacam por algum motivo, por exemplo, pela arquitetura de suas moradias, pelo tipo de organização das ruas e pelos espaços públicos que possuem, como praças, jardins e parques.

Foto de pessoas no parque do bairro Moinhos de Vento, no município de Porto Alegre, Rio Grande do Sul, em 2014. Esse é um dos bairros com maior quantidade de árvores do município.

Existem ainda bairros que se destacam pela presença de lojas, restaurantes e cinemas, por exemplo. Muitas vezes, esses bairros atraem moradores de outros lugares da cidade interessados em conhecer e desfrutar o que esses estabelecimentos oferecem.

Foto de bairro onde predominam estabelecimentos comerciais, no município de Peruíbe, São Paulo, em 2016.

## Investigue e aprenda

### O bairro onde eu moro

Como vimos, cada bairro é organizado de uma maneira. Agora, que tal investigar o que existe no bairro onde você mora? Acompanhado de um adulto, faça um passeio pelas ruas de seu bairro e observe as construções e os demais elementos ao seu redor. Depois, responda às questões a seguir.

a. Quais características do bairro mais chamaram sua atenção durante o passeio?

b. Nas ruas pelas quais você passeou, há mais moradias ou mais estabelecimentos comerciais?

c. Quais estabelecimentos comerciais você observou nessas ruas?

d. O que você gostaria de mudar no bairro onde mora? Conte aos colegas.

## Divirta-se e aprenda

### Qual é o bairro?

1. Observe a imagem que representa parte de uma cidade. Depois, cole nos espaços corretos os **adesivos** da página **137**.

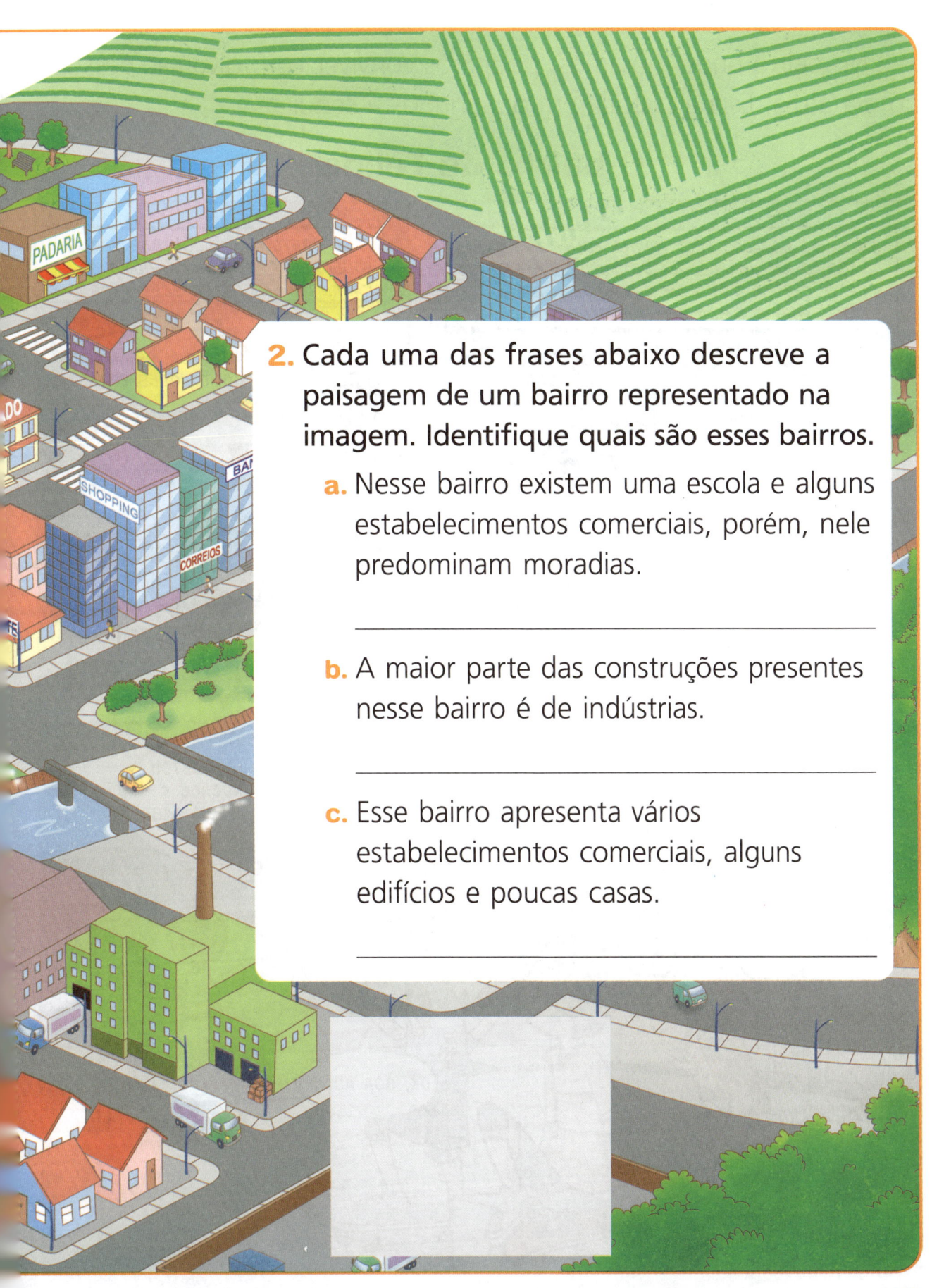

**2.** Cada uma das frases abaixo descreve a paisagem de um bairro representado na imagem. Identifique quais são esses bairros.

**a.** Nesse bairro existem uma escola e alguns estabelecimentos comerciais, porém, nele predominam moradias.

_____

**b.** A maior parte das construções presentes nesse bairro é de indústrias.

_____

**c.** Esse bairro apresenta vários estabelecimentos comerciais, alguns edifícios e poucas casas.

_____

Treze **13**

# A convivência no bairro

No bairro onde moramos, podemos conviver com diversas pessoas no dia a dia. Leia a história em quadrinhos a seguir.

## O bairro de Felipe

• Você tem algum amigo que mora no mesmo bairro que você? Conte aos colegas.

Muitas pessoas podem fazer parte de um mesmo bairro. Algumas são moradoras, outras apenas trabalham naquela região. A proximidade de suas moradias ou de seus locais de trabalho faz com que elas compartilhem com frequência os mesmos espaços.

A convivência entre as pessoas acontece diariamente nas ruas, nas praças, nos estabelecimentos comerciais e escolas, por exemplo. Por causa da proximidade, elas podem se conhecer e, muitas vezes, tornarem-se amigas.

Muitos bairros promovem atividades que unem ainda mais seus moradores, como festas juninas ou blocos de carnaval. Alguns reúnem também seus moradores nas associações de bairro. Essas associações são criadas pelos próprios moradores para debater os principais problemas do bairro e suas possíveis soluções.

Crianças brincando no Parque Moscoso, no município de Vitória, Espírito Santo, em 2019.

## Pratique e aprenda

**1.** Realize as atividades a seguir com base na história em quadrinhos das páginas **14** e **15**.

**a.** Circule abaixo o instrumento musical que Felipe estuda.

**b.** Quem Felipe encontrou antes de chegar à escola de música? Marque um **X** nas alternativas corretas.

◯ O carteiro do bairro.

◯ O padeiro.

◯ Os amigos de seu irmão mais velho.

◯ Um casal de amigos da família.

**c.** Quem Felipe encontrou ao retornar da aula? Marque um **X** nas alternativas corretas.

◯ O dono da banca de jornal.

◯ Um de seus amigos.

◯ O carteiro.

◯ O gari.

**d.** Como Felipe costuma se relacionar com as pessoas conhecidas do bairro onde mora? Marque um **X** na alternativa correta.

◯ Ele não gosta de encontrar as pessoas do bairro.

◯ Ele costuma ser amigável, gentil e educado com elas.

**2.** Você costuma conviver com as pessoas do bairro onde mora? Converse com os colegas.

## O cuidado com o bairro

O bairro, além de ser o local onde está localizada nossa moradia, é também o lugar onde convivemos com outros moradores, que podem ser nossos vizinhos, amigos, entre outros.

Por isso, para que um bairro seja um bom lugar para morar e conviver com os outros, é importante cuidar de sua conservação.

Muitas atitudes prejudicam a conservação do bairro, como jogar resíduos nas calçadas e nas ruas, e destruir ou descuidar do patrimônio público (calçadas, praças, jardins, etc.).

**Vamos contribuir**

Devemos contribuir para manter os espaços públicos limpos e bem cuidados.

Calçadas malconservadas reduzem os espaços de circulação de pedestres e podem causar acidentes, como quedas, prejudicando, principalmente, as pessoas idosas. Foto de calçada do centro do município de São Paulo, em 2017.

A má conservação dos espaços públicos diminui a segurança e reduz a circulação de pessoas nos espaços de lazer e convivência dos bairros. Foto de praça malconservada no município de Guanambi, Bahia, em 2016.

Muitas atitudes favorecem o cuidado e a conservação do bairro, como descartar resíduos nos locais adequados e reivindicar melhorias na pavimentação e na iluminação das ruas.

Às vezes, as reivindicações dos moradores demoram para serem atendidas. Assim, para resolver os problemas do bairro, muitas pessoas se reúnem e, juntas, realizam as mudanças necessárias.

Essa ação é conhecida como **mutirão** e mobiliza várias pessoas de forma voluntária e gratuita, para resolver ou amenizar um problema da comunidade.

**pavimentação:** revestimento colocado sobre o solo, como asfalto, cimento ou pedras
**voluntária:** ação realizada por vontade própria, sem obrigação

Mutirão de limpeza promovido por voluntários para realizar a coleta de resíduos sólidos presentes na areia e no mar. Foto da Praia Vermelha, no município do Rio de Janeiro, em 2017.

**1.** Por que é importante conservar o bairro onde moramos?

**2.** O que poderia ser feito no bairro onde você mora para contribuir para sua conservação?

# Mudanças na cidade e no bairro

O texto a seguir trata das mudanças ocorridas em um bairro da cidade de Belém, estado do Pará, na Região Norte do país.

### Belém, cidade das mangueiras

[...]

Eu sou uma cidade que continua crescendo e, apesar disso, não perdi de todo as marcas do meu passado. A Cidade Velha foi o meu primeiro bairro; lá está a minha primeira rua, que antes se chamava Rua do Norte e hoje é a Siqueira Mendes. Esse bairro é o que mais sobressai, com seus casarões seculares recobertos de azulejos decorados e igrejas, também seculares e imponentes, como a Catedral da

Sé, além de prédios e monumentos importantes. Aí se destacam também o Complexo Feliz Lusitânia, que inclui o Forte do Castelo, a Casa das Onze Janelas e a Igreja de Santo Alexandre, todos tombados como patrimônio histórico e cultural.

Por outro lado, tenho outros bairros que apresentam contrastes marcantes, com casas grandes, bastante antigas (algumas bem conservadas, outras nem tanto), em meio a prédios modernos e sofisticados, e também casas simples ou populares, algumas até construídas em cima de alagados, as famosas palafitas.

[...]

*Belém*: cidade das mangueiras, de Darcy e Italo Flexa Di Paolo. São Paulo: Cortez, 2008. p. 10.

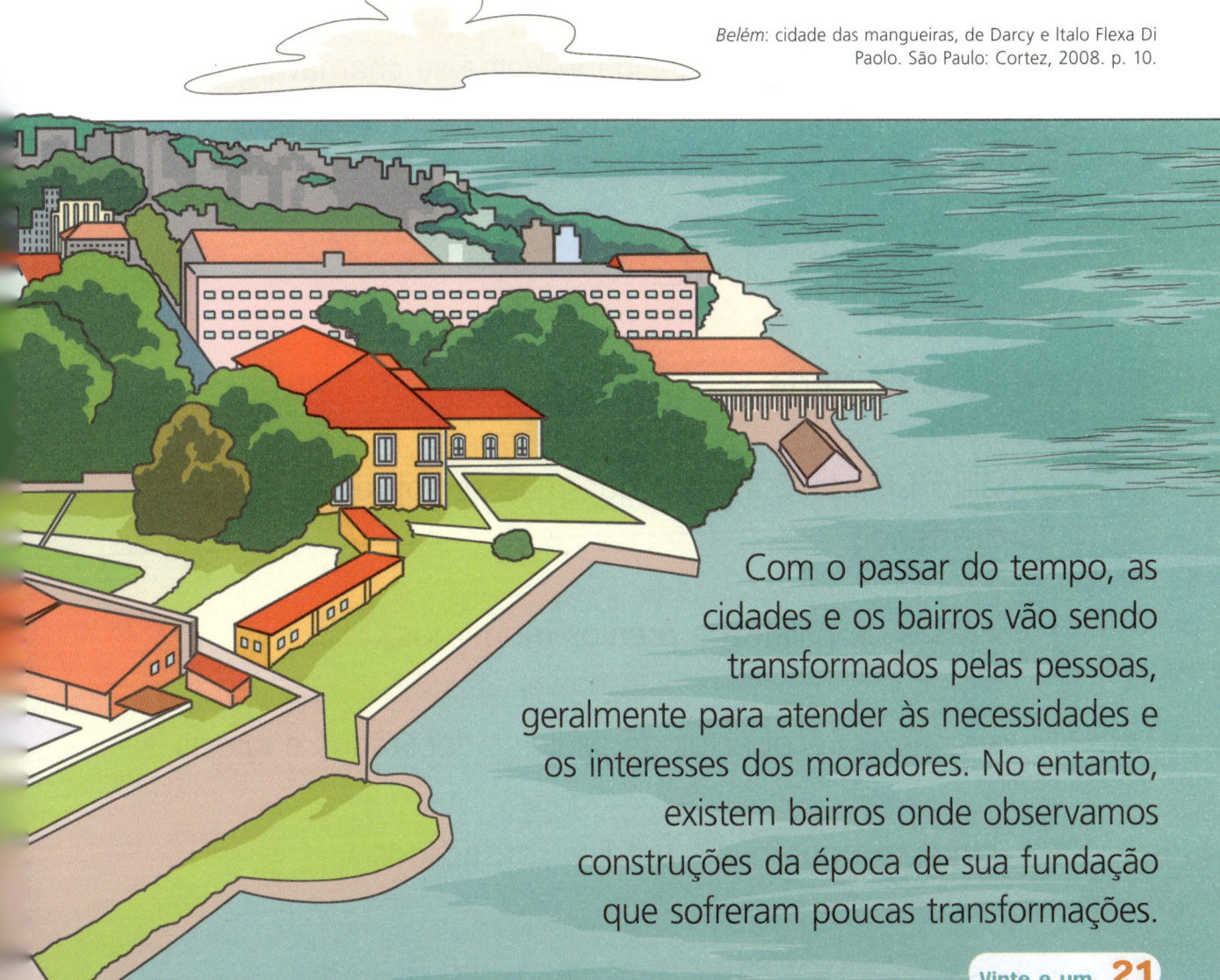

Com o passar do tempo, as cidades e os bairros vão sendo transformados pelas pessoas, geralmente para atender às necessidades e os interesses dos moradores. No entanto, existem bairros onde observamos construções da época de sua fundação que sofreram poucas transformações.

## Pratique e aprenda

1. De acordo com o texto das páginas **20** e **21**, marque um **X** na alternativa correta.

    **a.** Belém é uma cidade que:

    ○ cresceu durante um período e depois manteve suas características antigas.

    ○ continuou crescendo ao longo de sua história, mas conservou algumas características antigas.

    ○ apresenta apenas elementos modernos em seus bairros.

    **b.** A primeira rua do bairro Cidade Velha se chamava:

    ○ Rua do Sul.

    ○ Rua Siqueira Mendes.

    ○ Rua do Norte.

    **c.** O bairro Cidade Velha é o que mais se sobressai, apresentando:

    ○ casas de palafita e prédios modernos.

    ○ casarões recobertos de azulejos decorados e igrejas.

    ○ igrejas modernas e prédios sofisticados.

## Unidades de Conservação Ambiental

Ao longo dos anos, houve um grande crescimento das cidades e das áreas de produção no campo. Assim, o aumento da exploração de recursos naturais causou a destruição de parte da natureza em nosso país.

Para evitar que os danos ao meio ambiente aumentem, algumas áreas recebem a classificação de Unidades de Conservação Ambiental. Essas unidades podem ser públicas ou privadas e são criadas após amplos estudos de órgãos governamentais, buscando-se assegurar a conservação da biodiversidade e dos recursos naturais que nelas existem.

O reconhecimento de uma Unidade de Conservação possibilita a implantação de medidas de planejamento e de fiscalização dessas áreas, que são divididas em dois grupos:

- Unidades de proteção integral, que não podem ser habitadas por pessoas. Nelas, é permitido somente o uso indireto de seus recursos, como atividades de turismo ecológico e de pesquisa científica.

- Unidades de uso sustentável, que buscam combinar a conservação da natureza com o uso sustentável dos recursos naturais. Permite que pessoas morem na região e façam uso desses recursos de maneira controlada.

Morador da Reserva Extrativista Tapajós-Arapiuns segurando cachos de açaí, em Santarém, Pará, 2017.

## Para fazer juntos!

**1.** Pesquise as transformações ocorridas, ao longo do tempo, no bairro onde a sua escola se localiza. Para isso, com os colegas da sala, entrevistem um morador antigo do bairro seguindo o roteiro abaixo.

### Roteiro da entrevista

**a.** Qual é o seu nome?

_____

**b.** Há quanto tempo mora no bairro?

_____

**c.** No passado, qual tipo de construção havia em maior quantidade no bairro: moradia, estabelecimento comercial ou indústria?

_____
_____
_____

**d.** Atualmente, que tipo de construção existe em maior quantidade no bairro: moradia, estabelecimento comercial ou indústria?

_____
_____
_____

**e.** O que você precisa procurar em outros bairros – serviços ou produtos – que não encontra aqui?

_____
_____

**f.** A quantidade de veículos nas ruas do bairro é diferente atualmente em comparação com outras épocas? Se sim, de que maneira?

_____

_____

**g.** Você gosta mais do bairro como ele era antigamente ou como é atualmente? Por quê?

_____

_____

**h.** Há algo que você gostaria de mudar no bairro? O quê? Como essa mudança poderia ser realizada?

_____

_____

Ao final da entrevista, lembre-se de agradecer ao entrevistado.

## O bairro tem história

A proposta de entrevista apresentada nas páginas **24** e **25** é um meio de conhecer a história do bairro onde você mora.

**1.** Em sua opinião, é importante conhecer a história do bairro onde você mora? Por quê? Converse com os colegas.

Todos os bairros têm uma história. Ao entender como um bairro se formou podemos, por exemplo, reconhecer o significado e a importância de alguns de seus elementos, como as construções antigas, os monumentos e o nome de ruas.

Desse modo, é possível refletir sobre o que deve ser preservado e o que deve ser transformado para que os moradores do bairro tenham uma qualidade de vida melhor.

Observe a seguir as fotos de um bairro da cidade de São Paulo, a Mooca, em diferentes épocas.

> **Vamos conhecer**
>
> Ao conhecer a história de nosso bairro, temos a oportunidade de compreender suas origens e os motivos que o levaram a ser como ele é.

Bairro da Mooca, no município de São Paulo, em 1975. Ao fundo, é possível ver a chaminé de uma das fábricas do bairro.

💬 **2. Cite duas transformações que podem ser percebidas ao comparar essas fotos.**

A história da Mooca é muito antiga, mas o bairro se desenvolveu de forma mais rápida somente após a chegada de duas ferrovias à região, em 1868 e 1875.

Diversas fábricas foram instaladas no bairro por causa da facilidade de transportar a produção pelas ferrovias. Com isso, muitos trabalhadores se mudaram para a Mooca. Entre esses trabalhadores, estavam os imigrantes italianos.

A cultura italiana influenciou as características desse bairro de diferentes maneiras. Atualmente, o bairro da Mooca é conhecido por suas festas tradicionais, seus restaurantes de culinária italiana, pelo time de futebol do bairro, o Juventus, e pelo sotaque de seus moradores, por exemplo.

Construção de prédio no terreno da fábrica no mesmo bairro da Mooca, em São Paulo, em 2014.

Leia a seguir o relato do senhor Edgard Alexandre Romanato, um antigo morador da rua Javari, uma das mais conhecidas da Mooca. Ele conta como era o bairro durante a época em que era criança.

O **Cotonifício** Rodolfo Crespi empregava inúmeras pessoas e pelo menos quatro vezes ao dia a rua ficava cheia de operários que entravam e saíam da fábrica. O bonde 08 Mooca e o 11 Bresser praticamente tinham seus pontos finais nas esquinas da Rua Taquari com a Rua Javari [...].

**cotonifício:** local onde são produzidos fios de linha de algodão
**caderneta:** nesse sentido, tipo de caderno usado para registrar compras de clientes que seriam pagas posteriormente

Após a minha casa, na mesma calçada, vinha a família Stavale e, algumas casas abaixo, a venda do Seu Chiquinho (Sr. Francisco Tácito), onde o pessoal da rua comprava na famosa **caderneta**. [...]

Pulando várias casas, chegamos ao campo do Juventus ou Estádio Rodolfo Crespi, onde em quase todos os fins de semana, quando não havia jogos do Juventus, aconteciam os tradicionais **festivais varzeanos**, com jogos que às vezes começavam aos sábados pela manhã e terminavam nos finais do domingo [...].

**festivais varzeanos:** pequenos campeonatos de futebol realizados por jogadores não profissionais

No carnaval, a Javari era um desfile de pessoas fantasiadas ou não, que lotavam tanto as matinês como os bailes noturnos e a diversão das famílias era colocar as cadeiras nas calçadas e ficar conversando até tarde da noite vendo os foliões passarem.

Lembrando a Rua Javari, de Edgard Romanato. Disponível em: <www.portaldamooca.com.br/lembro40a.htm>. Acesso em: 16 out. 2017.

# Pratique e aprenda

**1.** Com base nos conteúdos das páginas **28** e **29**, responda às questões a seguir.

   **a.** Marque um **X** na imagem que representa o meio de transporte utilizado pelos operários do bairro da Mooca.

**b.** O que acontecia na Mooca aos finais de semana? Marque um **X** na alternativa correta.

○ Desfiles de carnaval.

○ Corridas de bicicleta.

○ Partidas de futebol.

**c.** De que maneira as famílias se divertiam durante o carnaval? Marque um **X** na alternativa correta.

○ Jogavam cartas e dominó no quintal de sua casa.

○ Colocavam cadeiras nas calçadas e ficavam conversando enquanto observavam os foliões passarem.

**d.** O que você achou mais interessante no relato do senhor Edgard? Comente com os colegas.

### Aprenda mais!

No livro *A cidade muda*, Eduardo Amos conta a história de Juca, um menino que vivia feliz com a sua família em sua rua preferida. Juca conhecia todo mundo, e o bairro era tranquilo.

Um dia, ele acordou e tudo estava diferente. No lugar da lanchonete do seu Nicola tinha um prédio cinza bem grande, a banca de revistas da dona Heloísa havia sumido, semáforos e faixas de pedestre apareceram. O que será que aconteceu com a cidade?

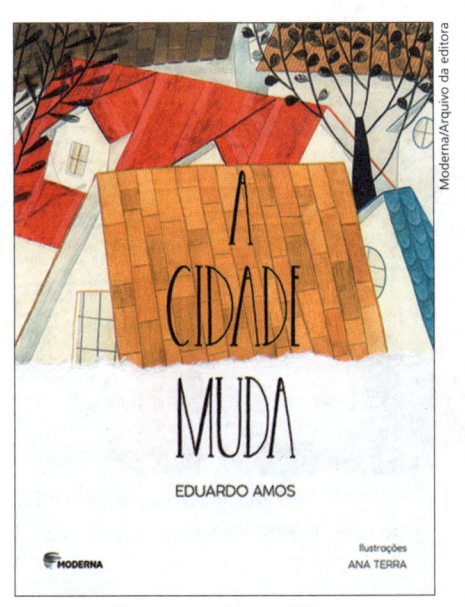

*A cidade muda*, de Eduardo Amos. São Paulo: Moderna, 2016.

## Por dentro do tema

**Saúde**

### Os serviços essenciais do bairro

Para funcionar bem e oferecer uma boa qualidade de vida aos seus moradores, os bairros precisam ter alguns serviços essenciais à disposição das pessoas.

Serviços como água tratada e encanada, rede de esgoto e coleta de resíduos sólidos são necessários para garantir a saúde, a segurança e outros aspectos importantes para a vida da população.

No entanto, nem sempre esses serviços essenciais estão disponíveis, causando graves problemas ambientais, como a poluição, e danos à saúde dos moradores dos bairros.

Os bairros mais pobres geralmente são os mais prejudicados com a falta de serviços essenciais. Foto de bairro no município de Recife, Pernambuco, em 2016.

Problemas como a falta de água tratada e encanada, por exemplo, levam os moradores a percorrerem longos caminhos em busca de água em rios ou em poços.

Além disso, a água que é retirada da natureza muitas vezes não é própria para consumo, pois pode conter organismos e impurezas que são prejudiciais aos seres humanos. Por isso, a água deve ser processada nas estações de tratamento, tornando-se adequada ao consumo.

Mulher retirando água de um poço no município de Senador José Porfírio, Pará, em 2017.

a. Além dos serviços citados, a rede elétrica e o transporte coletivo também devem ser garantidos à população. Seu bairro possui todos esses serviços essenciais?

b. Quais tipos de problemas as pessoas enfrentam quando há falta dos serviços essenciais?

## Ponto de chegada

1. Faça um desenho em seu caderno sobre a convivência no bairro onde você mora.

2. Em sua opinião, por que é importante cuidarmos da conservação do bairro?

3. Escreva em seu caderno um relato contando a sua visão sobre a história do bairro em que você mora.

# unidade 2
## O cotidiano

Mãe ajudando filha a fazer a tarefa escolar.

## Ponto de partida

1. Que atividade a criança retratada está realizando?
2. Essa atividade faz parte do seu cotidiano?
3. Além dessa, quais outras atividades você realiza em seu dia a dia?

# As atividades do cotidiano

Observe as imagens a seguir, que mostram algumas atividades realizadas diariamente por Hélio.

De segunda-feira a sexta-feira, Hélio trabalha em um escritório de contabilidade.

Todos os dias, antes de dormir, Hélio gosta de ler um trecho de um livro.

Hélio leva seu cachorro para passear bem cedo, antes de ir trabalhar.

Depois do almoço, Hélio se deita na rede e descansa um pouco.

Ilustrações: Imaginario Studio

As atividades realizadas por Hélio fazem parte do cotidiano de muitos adultos. Assim como os adultos, as crianças também realizam diferentes atividades em seu cotidiano.

Cotidiano é o conjunto de atividades e ações que realizamos diariamente, que se repetem dia a dia. Atividades como trabalhar, estudar, se divertir, dormir, escovar os dentes, tomar banho e se alimentar, por exemplo, fazem parte do cotidiano de muitas pessoas.

Leia o texto a seguir, que descreve uma atividade cotidiana da infância de Daniel Munduruku.

> Sempre que chegava em casa, depois de um dia de muita correria pela aldeia e seus arredores, minha mãe mandava que eu fosse ao **igarapé** tomar um gostoso banho para tirar o suor do corpo. [...] Dizia sempre que é preciso esperarmos a noite com o corpo limpo, perfumado. [...]
>
> Catando piolhos, contando histórias, de Daniel Munduruku. São Paulo: Brinque-Book, 2006. p. 7.
>
> **igarapé:** pequeno rio, riacho

1. O que a mãe de Daniel Munduruku pedia que ele fizesse todos os dias? Por quê?

2. Em sua opinião, por que é importante tomar banho todos os dias?

Quando deixamos de fazer algumas atividades cotidianas importantes, nosso corpo sofre as consequências. A falta de banho, por exemplo, deixa o corpo sujo e malcheiroso. Se deixarmos de escovar os dentes, ficamos com mau hálito e podemos ter doenças bucais, como a cárie. Se não lavarmos as mãos, principalmente antes das refeições, corremos o risco de contrair doenças.

## Pratique e aprenda

1. De acordo com o assunto da página **36**, quais atividades fazem parte do cotidiano de Hélio?

   _____

   _____

2. Escreva o que pode acontecer conosco se deixarmos de:

   **a.** tomar banho.

   _____

   _____

   **b.** lavar as mãos.

   _____

   _____

   **c.** escovar os dentes.

   _____

   _____

   **d.** dormir.

   _____

   _____

   **e.** comer alimentos saudáveis.

   _____

   _____

> **Vamos nos cuidar**
>
> Para termos uma vida saudável, devemos cuidar da nossa higiene e da nossa alimentação todos os dias.

**3.** Destaque os **adesivos** da página **137** que apresentam alguns objetos importantes em nosso cotidiano. Depois, cole-os nos espaços corretos, de acordo com a atividade em que costumam ser utilizados.

- Escovar os dentes.
- Tomar banho.
- Almoçar.
- Dormir.

# Os diferentes cotidianos

Mesmo realizando algumas atividades semelhantes, cada pessoa tem seu próprio cotidiano.

Observe, na linha do tempo a seguir, as atividades cotidianas de duas meninas: Alice, que mora em uma área urbana, e Gabriela, que mora em uma área rural.

7h

10h

💬 **1.** Você realiza alguma atividade semelhante às que são realizadas por Alice e Gabriela? Qual?

💬 **2.** Cite outras atividades que você costuma realizar cotidianamente.

15h30min

20h

Quarenta e um **41**

## Por dentro do tema

**Saúde**

### A importância do café da manhã

Apesar de parecer que não gastamos energia, nosso corpo não para de funcionar enquanto estamos dormindo. Por isso, o café ou lanche da manhã, ou seja, a primeira refeição do dia, é muito importante para repormos nossas energias e realizarmos as atividades do cotidiano.

No Brasil, existem muitos tipos de café da manhã. Em cada região do país, os alimentos consumidos podem ser diferentes.

café

frutas

leite

pão

bolo de fubá

Leia o texto a seguir, que descreve o café da manhã típico do Pantanal, na região Centro-Oeste do Brasil.

> O quebra-torto é composto por ingredientes que seriam mais comuns em um almoço bem-servido. É um **desjejum** que tem **arroz de carreteiro**, mandioca, ovos fritos e "bolo Souza", cujo gosto lembra o do pão de queijo. Há ainda biscoitos doces, bolo de fubá, bolo de mandioca e, para beber, sucos, café, leite com açúcar queimado. E inclui também a sopa paraguaia — mas esqueça a colher: apesar do nome, ela é uma espécie de **quiche** de queijo.
>
> Café da manhã "quebra-torto" é atração no Pantanal, de Gabriel Fortes. *Portal Terra*. Disponível em: <https://vidaeestilo.terra.com.br/turismo/noticias/0,,OI3491592-EI18295,00-Cafe+da+manha+quebratorto+e+atracao+no+Pantanal.html>. Acesso em: 7 jul. 2018.

**arroz de carreteiro:** arroz com carne-seca, temperado com alho, legumes refogados e especiarias
**desjejum:** a primeira refeição do dia
**quiche:** tipo de torta recheada, sem cobertura

💬 **a.** Por que o café ou lanche da manhã é considerado uma refeição importante?

💬 **b.** Quais alimentos você costuma consumir no café ou lanche da manhã?

arroz de carreteiro

suco

mandioca

sopa paraguaia

bolo Souza

## Pratique e aprenda

1. Responda às questões a seguir de acordo com a linha do tempo apresentada nas páginas **40** e **41**.

    a. Em qual período do dia Alice frequenta a escola?

    ◯ Manhã.   ◯ Tarde.

    b. E Gabriela, em qual período do dia vai à escola?

    ◯ Manhã.   ◯ Tarde.

    c. E você, em qual período do dia vai à escola?

    ◯ De manhã.   ◯ De tarde.   ◯ De manhã e à tarde.

    d. Às 7 horas da manhã, o que cada uma das garotas faz?
    - Alice: _____
    - Gabriela: _____

    e. Qual é o esporte praticado por cada garota? Em qual período do dia elas o praticam?
    - Alice: _____
    - Gabriela: _____

    f. Qual atividade as garotas realizam, simultaneamente, às 20 horas?

    _____

### Para fazer juntos!

Para conhecer a diversidade de alimentos consumidos no café ou lanche da manhã no Brasil, vamos realizar uma pesquisa sobre esse tema.

1. Em grupos de três alunos, escolham uma das seguintes regiões do país:
   - Norte.
   - Sul.
   - Nordeste.
   - Sudeste.
   - Centro-Oeste.
2. Pesquisem quais são os principais alimentos consumidos no café da manhã na região escolhida pelo grupo.
3. Produzam cartazes com as informações obtidas e, se possível, façam desenhos ou colem fotos para ilustrá-los.
4. Depois, exponham os cartazes na sala de aula e compartilhem com os demais colegas da turma as descobertas do grupo.

### Aprenda mais!

No livro *Café da manhã*, de Micaela Chirif, você conhecerá a história de uma avó que acorda cedo todos os dias para preparar seu café da manhã com sucos, geleia, frutas e ovos. Mas ela não está sozinha! Na companhia de visitantes curiosos, a simpática senhora vivencia vários momentos de diversão, fantasia e amizade.

*Café da manhã*, de Micaela Chirif. São Paulo: SM, 2015.

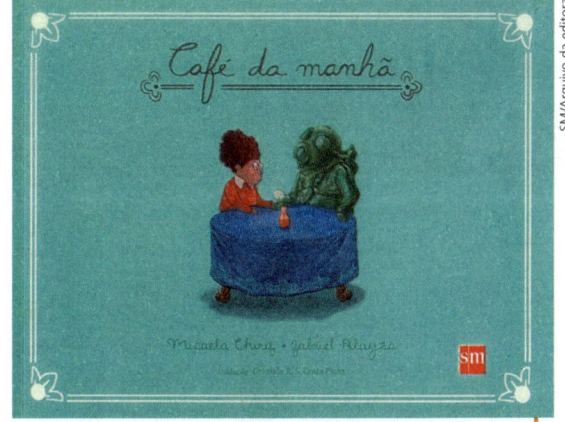

# O cotidiano no passado

As pessoas que viveram no passado também realizavam várias atividades cotidianas. Trabalhar, se alimentar, brincar, descansar e tomar banho, por exemplo, eram atividades que também faziam parte do dia a dia de nossos antepassados.

Observe as fotos a seguir, que retratam hábitos cotidianos há mais de 70 anos.

Foto que retrata movimento de pessoas e veículos no centro comercial de São Paulo, em 1934.

Foto de 1928 que retrata pescadores trabalhando em uma praia na cidade de Maceió, Alagoas.

Foto de 1930 retratando homens tomando café em um estabelecimento comercial em São Paulo.

Foto de 1933 que retrata pessoas utilizando bonde em São Paulo.

💬 **1.** Que atividades estão sendo realizadas pelas pessoas retratadas nas fotos das páginas **46** e **47**?

💬 **2.** Essas atividades ainda são realizadas pelas pessoas na atualidade? Comente.

# As crianças e o cotidiano no passado

Observe as fotos a seguir.

Menina escovando os dentes, na década de 1950.

Menino escutando rádio, por volta de 1955.

Meninos lendo livro, por volta de 1940.

Crianças brincando de roda, por volta de 1930.

Menina brincando de rolar aro, por volta de 1950.

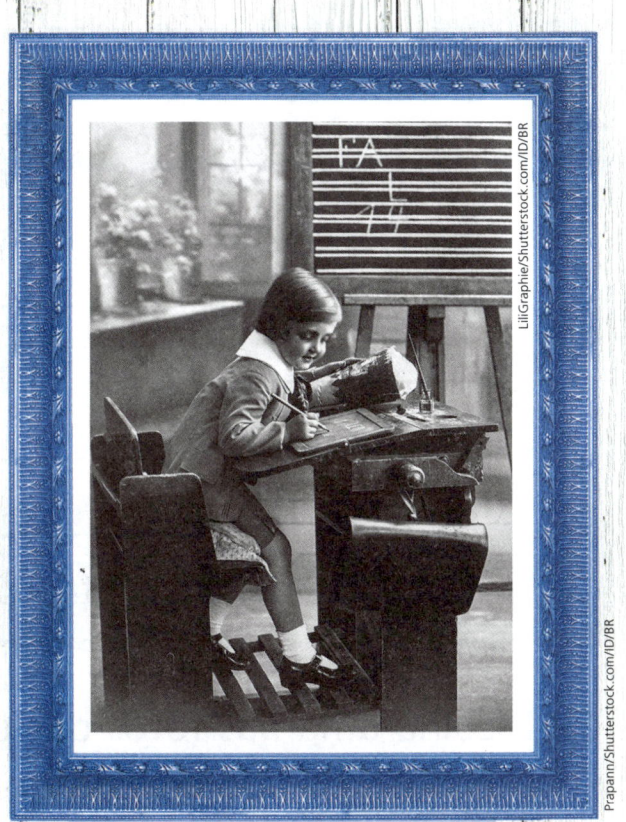

Menina estudando em sala de aula, por volta de 1930.

**3.** O que é possível saber sobre o cotidiano das crianças no passado por meio da observação das fotos das páginas **48** e **49**? Comente.

## Pratique e aprenda

1. Com base nas perguntas a seguir, entreviste um adulto de sua família para conhecer mais sobre o cotidiano no passado.

   a. Quais atividades as crianças costumavam fazer durante a época de sua infância?

   _____
   _____
   _____
   _____

   b. Quais são as semelhanças e as diferenças entre o cotidiano das crianças na época de sua infância e o das crianças na atualidade?

   _____
   _____
   _____
   _____
   _____

   - Após finalizar a entrevista, compartilhe seu resultado com os colegas em uma roda de conversa em sala de aula.

2. Escolha uma das fotos das páginas **48** e **49** que retrate um aspecto do cotidiano diferente do seu. Por que é diferente?

   _____
   _____
   _____
   _____

**3.** As fotos das páginas **48** e **49** retratam crianças realizando diferentes atividades cotidianas. Pinte os quadros com as atividades que você costuma realizar em seu dia a dia.

☐ Tomar banho.

☐ Ir à escola.

☐ Escovar os dentes.

☐ Fazer a tarefa.

☐ Escutar rádio.

☐ Brincar na rua.

☐ Passear.

☐ Desenhar.

☐ Arrumar a cama.

☐ Ler um livro.

☐ Acessar a internet.

☐ Tomar lanche.

## Que curioso!

### Todos juntos

No Brasil, há cerca de 100 anos, as crianças também frequentavam a escola. Naquela época, era comum que meninas e meninos estudassem em salas de aula separadas. Além disso, existiam muitas escolas que eram destinadas somente para meninas ou somente para meninos.

Atualmente, na maioria das escolas, meninas e meninos estudam juntos.

Foto de sala de aula somente com meninas. São Paulo, 1908.

# Brinquedos e brincadeiras

*Videogames*, bonecos que falam, carrinhos de controle remoto e outros brinquedos eletrônicos fazem parte do cotidiano de várias crianças na atualidade. Esse tipo de brinquedo, entretanto, não existia no passado. Nossos bisavós, por exemplo, brincavam com outros brinquedos, como bola, boneca, pião, cavalinho de pau, bicicleta e bolinha de gude.

**Vamos analisar**

Os objetos antigos são fontes de informações que podem nos ajudar a compreender o passado e as transformações pelas quais nossa sociedade passou ao longo dos anos.

💬 **1.** Cite quais brinquedos aparecem nas fotos.

💬 **2.** Atualmente, muitos brinquedos do passado ainda fazem parte do cotidiano das crianças. Cite alguns.

**3.** Agora, destaque as peças das páginas **129** a **133** para jogar o **Dominó dos brinquedos antigos**.

No passado, era comum as crianças brincarem na rua. Jogar futebol com os amigos, andar de bicicleta, brincar de pega-pega, esconde-esconde e pular amarelinha eram brincadeiras que faziam parte do cotidiano de muitas crianças. Atualmente, porém, as brincadeiras de rua não são mais tão comuns, principalmente nas cidades grandes. Preocupados com os perigos do trânsito e com a violência, muitos pais ou responsáveis não permitem que as crianças brinquem na rua.

Criança andando de patinete há cerca de 70 anos.

## Pratique e aprenda

1. Marque um **X** nos nomes de brincadeiras e de brinquedos que fazem parte do seu cotidiano.

   ◯ Bola.                    ◯ Bicicleta.

   ◯ Boneca.                  ◯ Bolinha de gude.

   ◯ Blocos de montar.        ◯ Pular amarelinha.

   ◯ Pular corda.             ◯ Pega-pega.

   ◯ Esconde-esconde.         ◯ Patins.

2. **No lugar onde você mora, onde as crianças costumam brincar? Conte aos colegas como é esse lugar.**

## Divirta-se e aprenda

### Lenço atrás

Vamos brincar de uma brincadeira do tempo dos nossos avós e bisavós. Ela se chama **lenço atrás**, também conhecida como lenço que corra, corre cutia e lencinho branco, dependendo da região do Brasil.

A professora vai ensinar as regras da brincadeira para a turma. Escolham um local ao ar livre na escola para realizá-la e boa diversão!

# Lembranças de brincadeiras

Leia os textos a seguir.

"Quando eu era pequena, morava em um sítio onde tinha um milharal. Minha mãe fazia bonecas com sabugo de milho. As roupinhas eram feitas com retalhos de pano."

"No meu bairro moravam várias crianças. Havia mais meninos do que meninas. Brincávamos de bola queimada, lenço atrás e pega-pega."

"A minha infância foi muito boa. Eu me lembro das brincadeiras de rua e sinto saudades. Mas o que eu mais sinto falta daquela época é de poder passar horas brincando com meus blocos de montar."

"Perto da minha casa havia um terreno vazio. O pai do meu vizinho tinha um trator e cavou buracos e fez montes de barro. Era nossa pista de ciclismo."

"Eu sempre fui arteira. Vivia inventando brincadeiras com meus irmãos no quintal de casa. Subíamos nas árvores e construíamos cabanas. O quintal da minha casa era o melhor lugar do mundo!"

## Pratique e aprenda

1. Sobre os textos apresentados nas páginas **56** e **57**, responda às questões.

    a. Qual é o principal assunto dos textos?
    _____

    b. Quais são os brinquedos e brincadeiras citados nos textos?
    _____
    _____

    c. Entre os brinquedos e brincadeiras citados nos textos, de quais você já brincou?
    _____

## Investigue e aprenda

### Brinquedos e brincadeiras de antigamente

Faça uma entrevista com uma pessoa adulta, com mais de 50 anos, para descobrir informações sobre os brinquedos e brincadeiras da época em que ela era criança.

Utilize o roteiro de perguntas a seguir.

- **a.** Como você se chama e qual é a sua idade?
- **b.** Quando era criança, qual era a sua brincadeira preferida?
- **c.** Na época de sua infância, de quais brincadeiras de rua as crianças costumavam brincar?
- **d.** Diga o nome e as regras de uma brincadeira da época em que você era criança.
- **e.** O que você acha dos brinquedos e brincadeiras que existem atualmente? Elas são divertidas? Explique.

Traga a sua entrevista para a sala de aula e compartilhe as informações obtidas com os colegas.

### Dica importante!

Durante a entrevista, é possível que o entrevistado dê informações que não foram perguntadas. Se isso acontecer, preste muita atenção, pois assim, ouvindo e conversando, podemos descobrir coisas muito interessantes sobre o passado!

### Aprenda mais!

No *site Divertudo*, você vai encontrar muitas opções para se divertir sozinho ou com seus amigos. Na página desse *site*, há jogos, adivinhas, histórias, dicas de brincadeiras e muito mais. Acesse o endereço a seguir e divirta-se!

<www.divertudo.com.br>.
Acesso em: 10 mar. 2020.

## Ponto de chegada

1. Em seu caderno, desenhe uma atividade do seu cotidiano para cada um dos seguintes momentos:
   - ✔ Em casa.
   - ✔ Na escola.

2. Em sua opinião, por que o café da manhã é uma refeição importante?

3. De acordo com o que você estudou, quais são as principais diferenças entre os brinquedos do passado e os da atualidade?

4. Escreva um pequeno relato pessoal dizendo com quem você costuma brincar e quais são seus brinquedos e suas brincadeiras preferidos.

unidade 3

# O trabalho e as profissões

Foto que retrata pessoas trabalhando em uma salina, local onde se produz sal, no município de Chaval, Ceará, em 2016.

## Ponto de partida

1. Que trabalho está sendo realizado pelas pessoas retratadas?
2. Em sua opinião, qual é a importância do trabalho no cotidiano das pessoas?

# O trabalho

Observe as imagens a seguir.

**A**

Foto de indígena do povo Kadiwéu produzindo cerâmica, em Porto Murtinho, Mato Grosso do Sul, 2015.

**B**

Foto de trabalhadores da construção civil, no município de São Paulo, em 2013.

**C**

Foto de agricultor colhendo morangos, em Tocos do Moji, Minas Gerais, 2016.

**62** Sessenta e dois

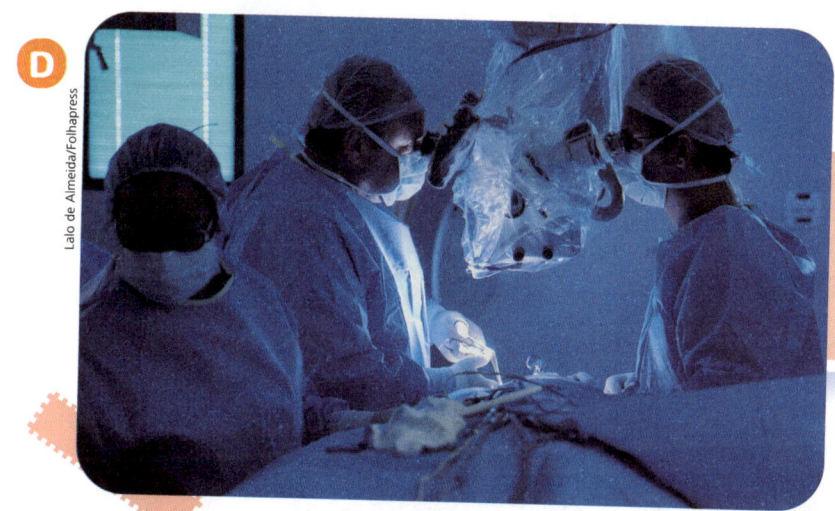

**D** Foto de médicos realizando cirurgia em um paciente, no município de São Paulo, em 2016.

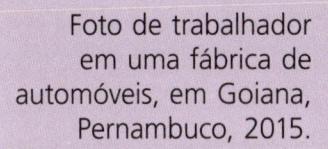

**E** Foto de trabalhador em uma fábrica de automóveis, em Goiana, Pernambuco, 2015.

**F** Foto de indígena do povo Terena trabalhando em um escritório, em Campo Grande, Mato Grosso do Sul, 2016.

O trabalho é toda e qualquer atividade humana que tem como objetivo produzir, criar ou transformar algo, como um produto, um objeto ou uma obra, seja ela material ou imaterial. Por meio do trabalho são produzidos os alimentos, construídas as moradias, fabricados os objetos do dia a dia. Na língua portuguesa, a palavra "trabalho" pode significar tanto o esforço humano como o resultado desse esforço.

# Para fazer **juntos!**

1. Formem duplas e olhem ao seu redor. Façam uma lista das coisas que vocês estão vendo, por exemplo, paredes, cadeiras, roupas, materiais escolares. Depois, escrevam quais profissionais, em sua opinião, criaram ou construíram tudo isso.

| O que vocês estão vendo ao redor | Quais profissionais criaram ou construíram |
|---|---|
|  |  |
|  |  |
|  |  |
|  |  |
|  |  |
|  |  |
|  |  |
|  |  |
|  |  |
|  |  |
|  |  |
|  |  |
|  |  |
|  |  |
|  |  |
|  |  |

## Pratique e aprenda

**1.** No espaço a seguir, desenhe uma pessoa realizando algum tipo de trabalho. Depois, faça uma legenda explicando qual trabalho a pessoa que você desenhou está realizando e mostre aos colegas.

_____

_____

## As profissões

Existem diferentes tipos de trabalho. Quando uma pessoa executa um determinado tipo de trabalho e ele se torna parte de seu cotidiano, como um meio de obter aquilo de que precisa para viver, dizemos que esse trabalho é a sua profissão.

Quando pratica sua profissão, o trabalho das pessoas é remunerado, pois é por meio dele que obtêm condições de sustentar a si mesmas e a seus familiares, por exemplo.

Veja, a seguir, alguns profissionais trabalhando.

A

Pessoas trabalhando na colheita de flores de uma cooperativa, em Ubajara, Ceará, 2017.

B

Mulher trabalhando como vendedora de doces tradicionais, em Caruaru, Pernambuco, 2015.

remuneração: pagamento pelo trabalho realizado ou serviço prestado

**C**

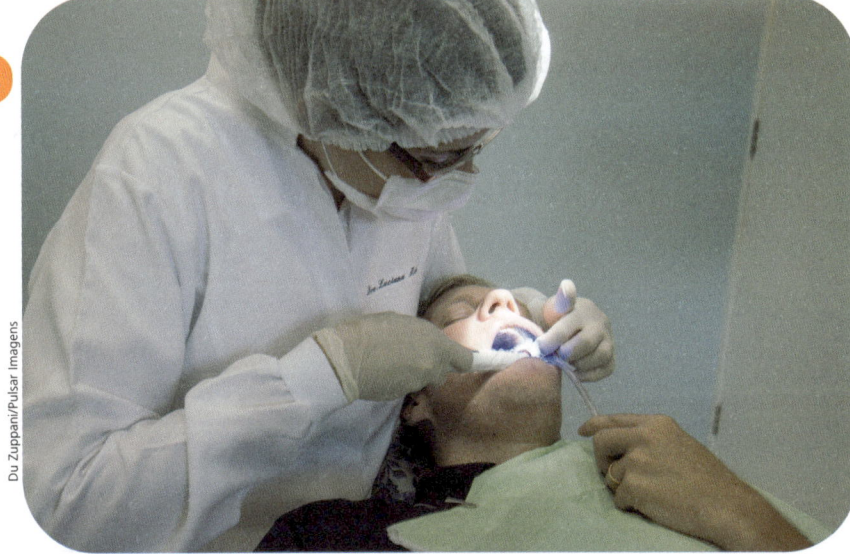

Mulher trabalhando como dentista em uma clínica dentária, em Bertioga, São Paulo, 2017.

**D**

Homem trabalhando como operário, em Cambé, Paraná, 2016.

**E**

Mulher trabalhando como rendeira, em Maceió, Alagoas, 2015.

## Pratique e aprenda

1. No espaço a seguir, descreva quais trabalhos estão sendo realizados pelas pessoas retratadas nas fotos das páginas **66** e **67**.

   Foto **A**:
   _____

   Foto **B**:
   _____

   Foto **C**:
   _____

   Foto **D**:
   _____

   Foto **E**:
   _____

### Aprenda mais!

No livro *Meu pai sabe voar*, Júlio, um menino curioso e sonhador, conta a história de seu pai, que é catador de papel.

Durante a narrativa, você descobrirá como o pai de Júlio aproveita o seu trabalho para construir asas de papelão para seu filho.

Um dia, Júlio descobre um segredo que o deixa bastante empolgado. Qual será esse segredo?

*Meu pai sabe voar*, de Daniela Pinotti e Marcelo Maluf. São Paulo: FTD, 2009.

# As pessoas com deficiência e o trabalho

Observe o cartaz a seguir.

**Vamos respeitar**

A participação de pessoas com deficiência no mercado de trabalho é fundamental para que possamos viver em uma sociedade mais justa e igualitária.

Cartaz produzido em 2013 pelo Ministério Público do Trabalho para campanha de inclusão de pessoas com deficiência no mercado de trabalho.

- Com qual objetivo esse cartaz foi produzido?

Esse cartaz, produzido pelo Ministério Público do Trabalho, tem como objetivo conscientizar a população sobre a importância da inclusão de pessoas com deficiência no mercado de trabalho.

Existem diferentes tipos de deficiência: física, auditiva, visual, mental e múltipla. Nem sempre esses tipos de deficiência impedem a pessoa de trabalhar. Atualmente, muitas empresas têm oferecido vagas para pessoas com deficiência.

## Pratique e aprenda

**1.** Leia as legendas a seguir e cole nos espaços corretos os **adesivos** da página **139**, que apresentam pessoas com deficiência no ambiente de trabalho.

Nessa foto, vemos uma pessoa trabalhando em um escritório.

Nessa foto, há uma pessoa trabalhando como garçom em um restaurante.

Nessa foto, há uma pessoa trabalhando na agricultura.

Nessa foto, há uma pessoa trabalhando como engenheira.

## Que curioso!

### Trabalho voluntário

Existem alguns tipos de trabalho em que o trabalhador não recebe um salário, pois trabalha de maneira voluntária. O trabalho voluntário é realizado por pessoas que gostam de colaborar, de fazer alguma coisa por aqueles que necessitam de ajuda. Leia o texto.

[...] O trabalho voluntário traz enorme recompensa para quem dele participa. Na verdade, todos são convidados a participar e repartir o que sabem e dar um pouquinho de seu tempo. Às vezes, há pessoas que esquecem seus problemas e descobrem a felicidade quando passam a se dedicar ao trabalho voluntário [...].

*Um mundo melhor para todos*, de Fernando Carraro. São Paulo: FTD, 2009. p. 17.

Voluntários preparando refeição para ser distribuída gratuitamente, em São Luíz do Paraitinga, São Paulo, 2013.

**Vamos colaborar**

Para construirmos uma sociedade melhor, é fundamental sermos solidários.

## As profissões do passado

Ao longo dos anos, com as transformações tecnológicas, algumas profissões deixaram de existir ou se tornaram raras. Observe alguns exemplos a seguir.

Com o desenvolvimento e a popularização de meios de comunicação como o telefone, o telégrafo passou a ser cada vez menos utilizado, fazendo com que a profissão de telegrafista deixasse de existir.

Telegrafista trabalhando na cidade de Corumbá, Mato Grosso do Sul, em 1904.

Já os fotógrafos lambe-lambe perderam espaço com o crescimento do acesso às câmeras fotográficas portáteis.

Fotógrafo lambe-lambe trabalhando no município de Aparecida, São Paulo, em 1957.

Nos meios de transporte, aos poucos, os ônibus substituíram os bondes, colocando fim às profissões de engraxador de trilhos e motorneiro.

Engraxador de trilhos de bonde, no município de São Paulo, por volta de 1910.

Motorneiro conduzindo um bonde no município do Rio de Janeiro, em 1924.

## A permanência das profissões

Como vimos, algumas profissões deixam de existir por causa das transformações tecnológicas e das novas invenções. No entanto, diversas profissões resistem a essas transformações, adaptando-se ao tempo presente. E, apesar de correrem risco de desaparecimento, ainda são praticadas na atualidade. Observe as fotos.

A

Foto recente de alfaiate trabalhando em seu ateliê.

B

Foto atual, que retrata um relojoeiro trabalhando.

**C**

Foto recente, que mostra uma calígrafa escrevendo convites.

**D**

Foto de sapateiro trabalhando em sua oficina, na atualidade.

**1.** Quais atividades cada um dos profissionais retratados desempenha?

**2.** Em sua opinião, por que essas profissões correm o risco de desaparecer? Converse com os colegas.

# Pratique e aprenda

**1.** A seguir, apresentamos algumas profissões que deixaram de existir. Associe cada uma dessas profissões à sua respectiva definição.

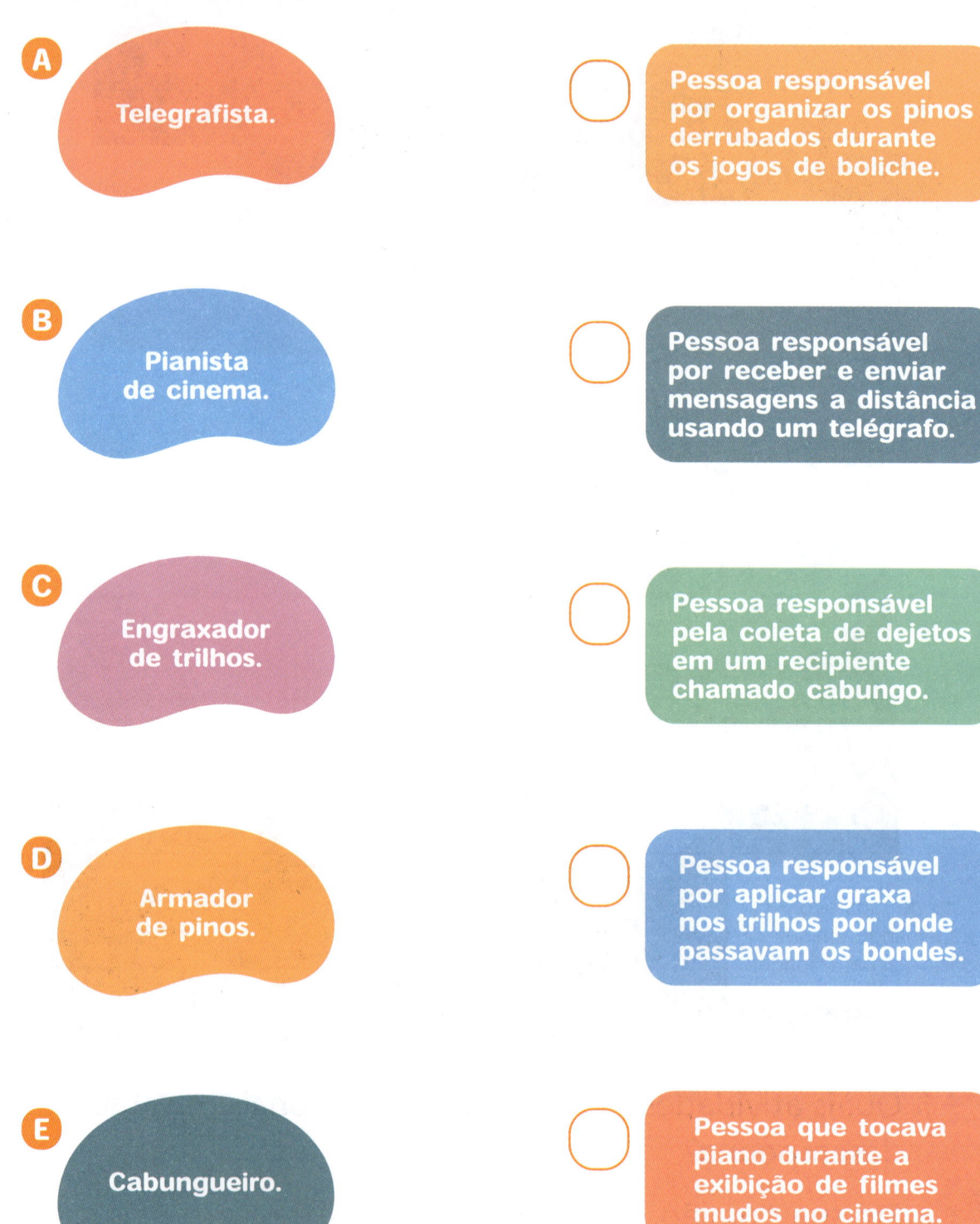

**A** Telegrafista.

**B** Pianista de cinema.

**C** Engraxador de trilhos.

**D** Armador de pinos.

**E** Cabungueiro.

○ Pessoa responsável por organizar os pinos derrubados durante os jogos de boliche.

○ Pessoa responsável por receber e enviar mensagens a distância usando um telégrafo.

○ Pessoa responsável pela coleta de dejetos em um recipiente chamado cabungo.

○ Pessoa responsável por aplicar graxa nos trilhos por onde passavam os bondes.

○ Pessoa que tocava piano durante a exibição de filmes mudos no cinema.

**2.** Os textos a seguir citam profissões antigas que ainda existem na atualidade. Preencha as lacunas dos textos utilizando as profissões a seguir.

> costureira • professora • ferreiro • vaqueiro

Vô Hortêncio era _____ de profissão. Sabia como poucos moldar o ferro, fabricar enxadas, facões, foices e outros instrumentos de trabalho [...].

*A infância de Ziraldo*, de Audálio Dantas. São Paulo: Callis, 2007. p. 11 (A infância de...).

Filomena era uma ótima _____. Fazia tudo muito bem: saias, calças, roupas esportivas, roupas elegantes. Seu maior talento, porém, era fazer vestidos de noiva. [...]

*Uma noiva chique, chiquérrima, lindérrima*, de Beatrice Masini e Anna Laura Cantone. São Paulo: Ática, 2005. s/p.

[...]
As criações de gado podem ser de bois, vacas, cavalos, éguas, jumentos, porcos, carneiros. O trabalhador que cuida da criação é chamado de peão ou _____.

*Uma viagem para o campo*, de Rosaly Braga Chianca e Leonardo Chianca. São Paulo: Ática, 1997. p. 37 (Retratos de família).

Vizinha à nossa casa morava a _____ de piano da minha irmã. Aos domingos essa senhora fazia audições com os alunos: tocavam violino, piano e cantavam ópera. [...]

*Nas ruas do Brás*, de Drauzio Varella. São Paulo: Companhia das Letrinhas, 2000. p. 71 (Memória e história).

# Por dentro do tema

**Direitos da criança e do adolescente**

## As crianças trabalhadoras

Observe as fotos a seguir.

Foto da década de 1930, que retrata crianças trabalhando ao lado da mãe em uma lavoura de café, no Brasil.

Foto que retrata adultos e crianças trabalhando em uma fábrica de bebidas, no Brasil, por volta de 1910.

Há mais de 80 anos, muitas crianças trabalhavam lado a lado com os adultos. Elas enfrentavam longas jornadas de trabalho em troca de uma baixa remuneração.

Muitas crianças trabalhavam para ajudar seus familiares, deixando de lado aspectos importantes para a vida de uma criança, como a educação e o lazer.

Atualmente, o trabalho infantil é proibido no Brasil, porém ainda existe um grande número de crianças que trabalha em nosso país. Muitas delas desempenham atividades que podem trazer riscos à saúde. Além disso, ao trabalhar, a maior parte das crianças deixa de estudar, de se relacionar com outras crianças e de ter tempo para o lazer, prejudicando o seu desenvolvimento durante a infância.

Foto de crianças trabalhando como lavadeiras, no município de Brejão, Pernambuco, 2016.

Leia o texto:

[...]

Claro que a grande maioria dos pais sabe que suas crianças têm direito de estudar e brincar, ter assistência médica, alimentação correta, boa formação. Não é por maldade que põem os filhos para trabalhar. É por necessidade. [...]

*Serafina e a criança que trabalha*, de Jô Azevedo, Iolanda Huzak e Cristina Porto. São Paulo: Ática, 2001. p. 2-3.

De acordo com o Estatuto da Criança e do Adolescente, é proibido o trabalho de crianças menores de 16 anos de idade no Brasil.

- Em sua opinião, que medidas podem ser tomadas para conscientizar as pessoas sobre a importância da proibição do trabalho infantil?

## Pratique e aprenda

**1.** Observe as fotos a seguir, que retratam crianças trabalhando. Ligue cada foto à sua legenda correspondente.

Muitas crianças realizam trabalhos domésticos, como cozinhar e passar roupas, correndo o risco de sofrer acidentes, como se cortar ou se queimar.

Na mineração, as crianças correm o risco de desenvolver graves problemas de saúde por ficarem expostas a resíduos tóxicos e por passarem muito tempo com o corpo dentro da água.

Trabalhando como vendedores pelas ruas das cidades, as crianças correm o risco de sofrer vários tipos de violência ou serem atropeladas.

**2.** Leia o texto a seguir.

> Crianças gostam de ajudar pai ou mãe em alguma atividade...
>
> Crianças gostam de ser úteis, prestativas...
>
> Crianças gostam de colaborar, participar...
>
> Todas essas coisas devem fazer parte da vida de uma criança. E criança tem que ser criança, isto é, como pessoa em desenvolvimento, e não como um trabalhador. A mão de obra de uma criança não deve ser explorada para nenhum fim.
>
> [...]
>
> Viva o trabalho! Cartilha projetada pela Superintendência Regional do Trabalho e Emprego no Paraná. p. 18-19. Disponível em: <http://www.crianca.mppr.mp.br/arquivos/File/publi/ziraldo/cartilha_viva_trabalho.pdf>. Acesso em: 18 out. 2017.

**a.** De acordo com o texto, do que as crianças gostam?

_____

_____

**b.** Por que a mão de obra da criança não deve ser explorada?

_____

_____

## Fazendo história

### Ziraldo Alves Pinto

O texto que acabamos de ler faz parte de uma cartilha que foi produzida por Ziraldo, desenhista e escritor mineiro.

Ziraldo é famoso pela criação de quadrinhos infantis, como a *Turma do Pererê*, o *Menino Maluquinho*, entre outros, e é considerado um dos principais autores dos quadrinhos nacionais.

Foto de Ziraldo durante evento literário, no município de São Paulo, 2014.

# As mulheres e o trabalho

Observe as fotos a seguir.

Mulher realizando atividade doméstica, há aproximadamente 70 anos.

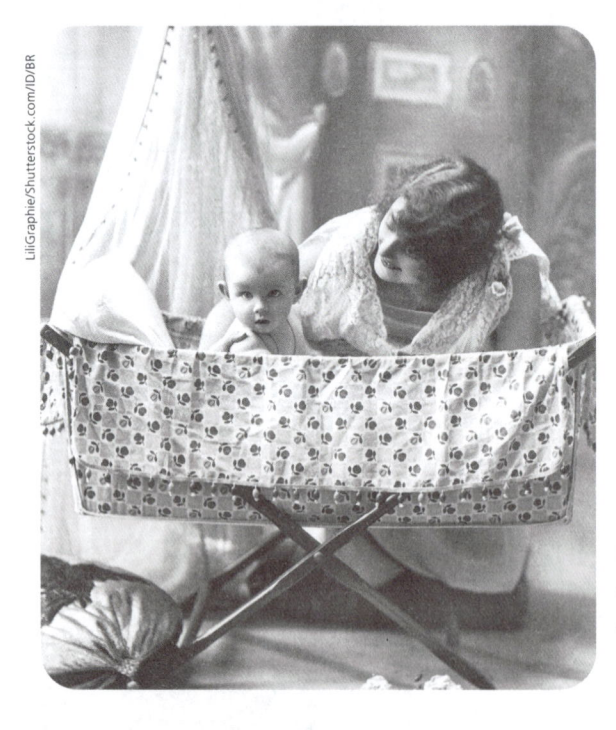

Mulher limpando sua casa, há aproximadamente 70 anos.

Foto que retrata mulher cuidando do seu filho, cerca de 1920.

No passado, a maioria das mulheres era educada para cuidar da família, de seus pais, seu marido ou seus filhos.

De maneira geral, essa situação limitava a atuação das mulheres ao lar e às atividades domésticas.

Atualmente, no entanto, esse pensamento está mudando, principalmente por causa da luta das próprias mulheres, que estão exigindo mais participação no mercado de trabalho. Dessa forma, é cada vez maior o número de mulheres que trabalham fora e que sustentam a família.

Foto que retrata uma mulher dirigindo um ônibus de passageiros, no município de São Paulo, em 2016.

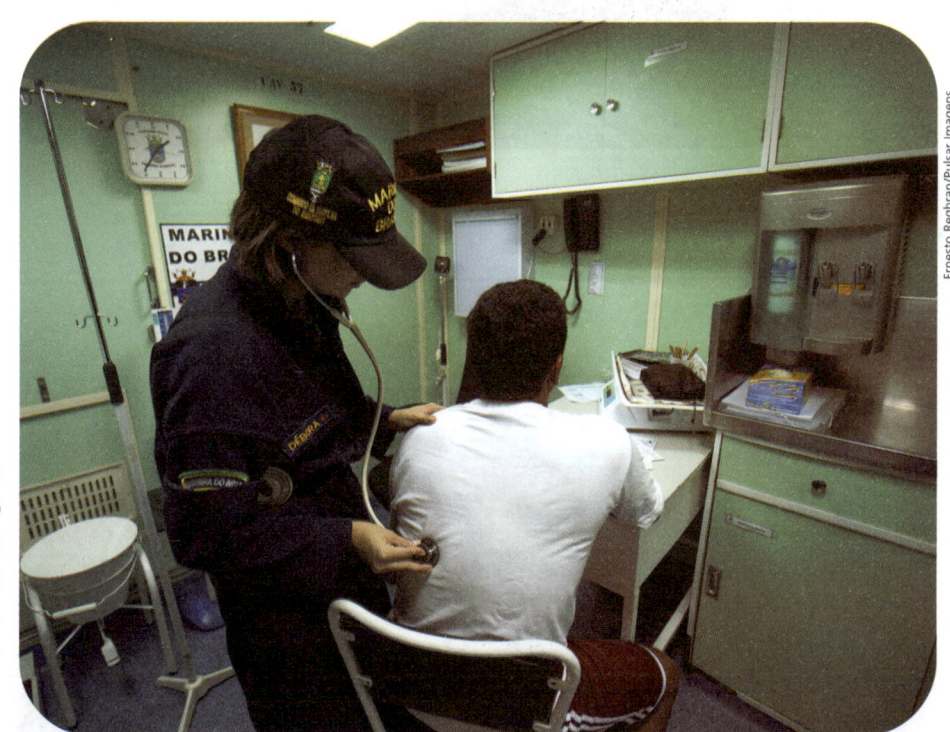

Foto que retrata uma mulher trabalhando como médica em um navio de assistência hospitalar, em Itacoatiara, Amazonas, 2015.

# Os homens e o trabalho doméstico

Há cerca de 100 anos, era incomum que homens realizassem trabalhos domésticos, pois muitos acreditavam que esse tipo de trabalho deveria ser feito exclusivamente por mulheres. As funções de educar e cuidar dos filhos também não eram consideradas masculinas.

Nos dias de hoje, ainda são as mulheres que realizam a maior parte dos trabalhos domésticos. Entretanto, principalmente pelo fato de mais mulheres trabalharem fora do lar, muitos homens passaram a realizar essas funções. Esse fato foi importante para que as pessoas começassem a refletir sobre a distribuição igualitária dos trabalhos domésticos entre mulheres e homens.

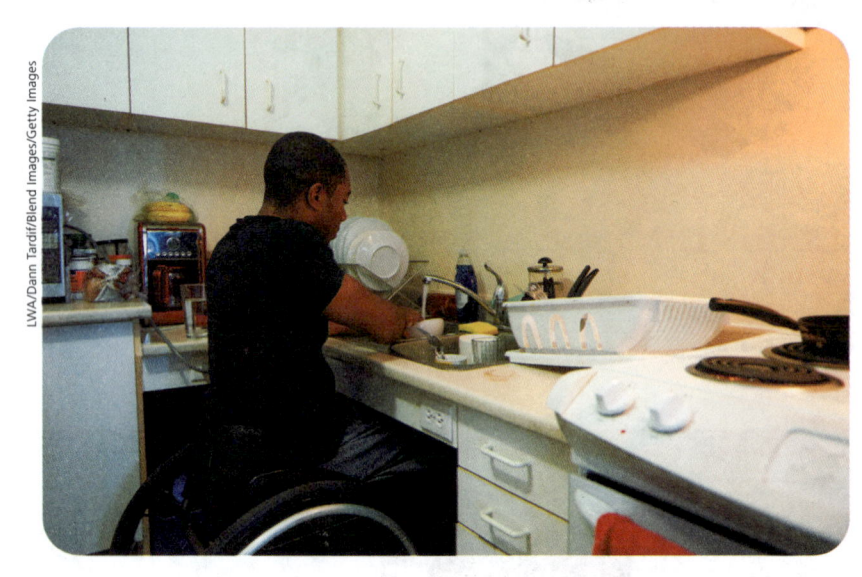

Foto de homem lavando louça.

Foto de homem passando roupa.

Foto de homem trocando a fralda do filho.

Foto de homem dando comida para o filho.

## Pratique e aprenda

**1.** Observe as informações a seguir e responda às questões.

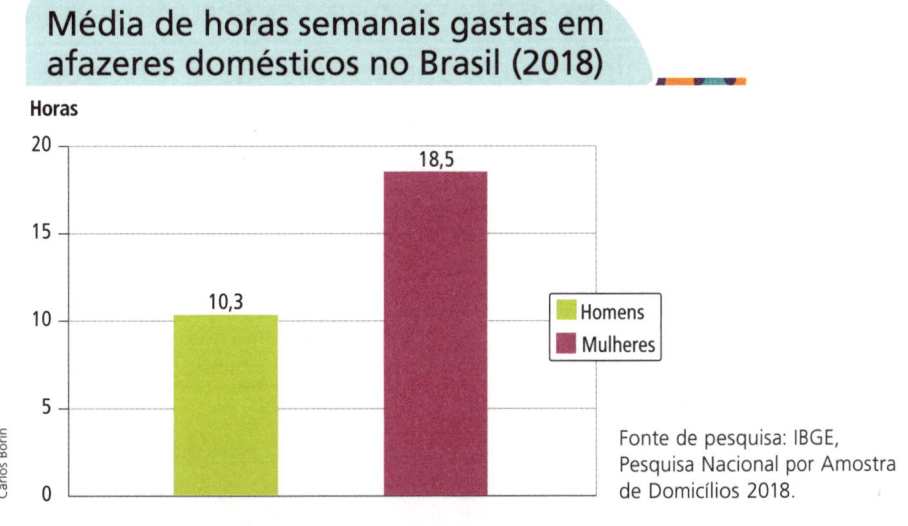

**Média de horas semanais gastas em afazeres domésticos no Brasil (2018)**

Horas
- Homens: 10,3
- Mulheres: 18,5

Fonte de pesquisa: IBGE, Pesquisa Nacional por Amostra de Domicílios 2018.

- Em 2018, homens ou mulheres gastavam mais horas semanais com os afazeres domésticos no Brasil?

   _____

2. Explique por que, nos dias de hoje, os homens também têm realizado trabalhos domésticos no cotidiano das famílias.

   _____
   _____
   _____

3. Converse com as pessoas da sua família e descubra como é feita a divisão dos trabalhos domésticos. Depois, responda:

   a. Em sua opinião, a divisão de trabalhos domésticos entre os membros da sua família é justa? Justifique sua resposta.

   ○ Sim. A divisão dos trabalhos domésticos entre os membros da minha família é justa.

   ○ Não. A divisão dos trabalhos domésticos entre os membros da minha família não é justa.

   Justificativa: _____
   _____
   _____

   b. Caso você não ache justa, o que você sugere para tornar a divisão do trabalho doméstico mais justa em sua família?

   _____
   _____
   _____
   _____
   _____

# Novas tecnologias e novas profissões

Da mesma maneira que algumas profissões deixam de existir, outras surgem por causa das inovações tecnológicas. Com a invenção do microcomputador, por exemplo, muitas profissões foram criadas. Observe as fotos.

Foto de programador de computador trabalhando em microcomputadores, na atualidade. O programador desenvolve e mantém programas que processam as operações em um computador.

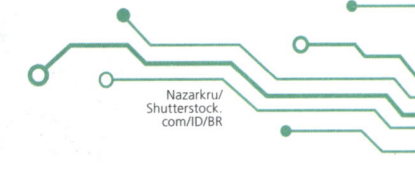

Foto recente, que retrata uma técnica em informática realizando a manutenção das peças de um computador. O técnico em informática é o profissional que, entre outras coisas, realiza a instalação e a manutenção dos equipamentos de um computador.

**microcomputador:** máquina eletrônica, geralmente de uso pessoal, capaz de processar diversas informações e executar diversas tarefas ao mesmo tempo

Além das profissões que surgiram, outras que já existiam também passaram por transformações com o surgimento de novas tecnologias. As profissões de escritor, médico, professor e secretário, por exemplo, existem há bastante tempo, porém sofreram mudanças e adaptações.

Agricultor trabalhando em trator com alta tecnologia em plantação de soja.

Fotógrafo controlando **drone** com câmera.

**drone:** é um veículo aéreo controlado a distância por computadores. Um *drone* não necessita de piloto para conduzi-lo

Médicos visualizando em monitor a imagem captada por meio de uma microcâmera durante uma cirurgia.

- Quais são as tecnologias utilizadas pelos profissionais retratados nas páginas **88** e **89**?

## Pratique e aprenda

**1.** Leia os textos a seguir.

**A** O avanço da tecnologia é apontado como o principal motivo da eliminação de postos de trabalho na indústria. As novas tecnologias de informática e de comunicação provocaram o desaparecimento de várias categorias de ocupação. O setor de serviços que absorvia a mão de obra liberada na indústria também está sendo invadido por novas tecnologias e, por isso, não consegue gerar postos de trabalho em quantidade suficiente para impedir o crescimento do desemprego. [...]

Educação e trabalho, do Instituto Brasileiro de Geografia e Estatística. Disponível em: <https://ww2.ibge.gov.br/home/estatistica/populacao/condicaodevida/indicadoresminimos/suppme/analiseresultados2.shtm>. Acesso em: 24 out. 2017.

**B** É fato que as inovações tecnológicas trouxeram profundas mudanças para a sociedade e isso se estende ao mercado de trabalho. Temos que ter em mente que as novas tecnologias não geram desemprego, o que ocorre é uma mudança nos tipos de vagas disponíveis e a exigência de novas qualificações para os postos de trabalho e isso faz com que os profissionais das mais diversas áreas tenham o desafio de se mostrar competentes e inovadores em suas áreas de atuação para garantir o seu espaço em meio à constante inovação tecnológica.

As novas tecnologias e as profissões, de Rosemary de Ross. Disponível em: <http://www.jornaldireitos.com/ver_artigos.php?artigo=741>. Acesso em: 18 out. 2017.

**a.** Qual dos textos defende a ideia de que as novas tecnologias aumentam o desemprego?

◯ Texto **A**     ◯ Texto **B**

**b.** Qual dos textos defende a ideia de que os profissionais de diversas áreas precisam ser competentes e inovadores para garantir seu espaço em meio à constante inovação tecnológica?

◯ Texto **A**     ◯ Texto **B**

**c.** Segundo um dos textos, por que as novas tecnologias não aumentam o desemprego?

_____

_____

**2.** Desenhe, no espaço a seguir, um profissional utilizando as novas tecnologias em seu trabalho. Depois, faça uma legenda explicando qual profissional você desenhou e qual atividade ele está desempenhando. Mostre seu desenho aos colegas.

**Divirta-se e aprenda**

### Os profissionais e os instrumentos de trabalho

- A tecnologia está presente no dia a dia de vários profissionais, seja como instrumento principal, seja como instrumento auxiliar. Identifique os profissionais abaixo e marque um **X** nos instrumentos que geralmente usam em sua profissão.

◯ Grampeador.

◯ Máscara de mergulho.

◯ Óculos de sol.

◯ Chave de fenda.

◯ Instrumento musical.

◯ Telefone.

◯ Máscara de gás.

◯ *Tablet*.

◯ Giz.

◯ Capacete.

◯ Enxada.

◯ Máquinas agrícolas.

## Ponto de chegada

**1.** Escreva uma frase para cada um dos conceitos a seguir:

- Trabalho
- Deficiência
- Atividade humana
- Profissão

**2.** O que é trabalho voluntário? Em sua opinião, quem é favorecido por esse tipo de trabalho?

**3.** Nesta unidade, vimos que algumas profissões desapareceram e outras foram criadas, dando origem a novos tipos de profissionais. Por que e como isso pode ocorrer?

**4.** No mundo do trabalho, as condições entre homens e mulheres são, geralmente, desiguais. Como era essa situação no passado? O que mudou?

unidade

# 4 Costumes e hábitos no cotidiano

Foto de família durante um piquenique, no município de Caxias do Sul, Rio Grande do Sul, por volta de 1940.

## Ponto de partida

1. Qual situação foi retratada pela foto? Quando ela ocorreu?
2. Essa situação faz parte do seu cotidiano? De que maneira?

## Os costumes do dia a dia

Várias atividades que fazem parte de nosso cotidiano também eram realizadas por outras pessoas há muito tempo.

A alimentação, o modo de se vestir e de falar são exemplos. Cada um desses elementos do cotidiano é compartilhado entre pessoas de uma mesma sociedade e, com o tempo, tornam-se **costumes**. Veja:

Costume de fazer uma refeição todas as manhãs, o chamado café da manhã. Foto que retrata família tomando café da manhã, no município de São Paulo, em 2016.

O costume de vestir uniformes para trabalhar, estudar ou praticar esportes, por exemplo. Foto que retrata pessoas uniformizadas trabalhando, em Salvador, Bahia, 2017.

O costume de não trabalhar aos domingos, dedicando esse dia para descanso e lazer. Foto que retrata pessoas em praia do município de Arraial do Cabo, Rio de Janeiro, em 2017.

O costume de utilizar instrumentos, como os talheres, para levar os alimentos até a boca. Foto que retrata criança do povo Kaxinawá se alimentando, em Jordão, Acre, 2016.

### Que curioso!

#### Hashi

Os talheres são instrumentos utilizados para facilitar o ato de alimentar-se. São considerados talheres as facas, os garfos e as colheres, além do *hashi*, retratado na foto ao lado.

O *hashi* começou a ser usado há cerca de 4500 anos, na Ásia. Atualmente, esse instrumento é utilizado em muitos países do mundo, entre eles o Brasil.

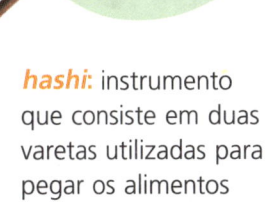

*hashi*: instrumento que consiste em duas varetas utilizadas para pegar os alimentos

## Pratique e aprenda

**1.** Leia as frases a seguir e assinale aquela que apresenta a definição correta sobre o conceito de costume.

○ Os costumes são documentos onde ficam registradas as leis de um país.

○ Os costumes são elementos do cotidiano compartilhados por pessoas de uma mesma sociedade.

○ Os costumes não estão relacionados ao nosso cotidiano, pois ocorrem muito raramente entre as pessoas de uma mesma sociedade.

**2.** Marque um **X** nos instrumentos que você costuma utilizar durante as refeições.

**3.** O texto a seguir fala sobre o costume de comer com as mãos, praticado há cerca de 300 anos no Brasil. Leia-o.

O brasileiro, em sua maioria, não usava talher, comia de "capitão". Era dessa maneira que [os africanos escravizados] comiam o seu feijão misturado com a farinha de mandioca: amassavam-no todo com os dedos, formando bolos que depois atiravam à boca com [habilidade]. Diziam que o uso da colher alterava o gosto da comida.[...]

A "etiqueta" mandava que se comesse apenas com os três dedos: polegar, indicador e médio. Ou então usando a faca, que servia para cortar a carne, levar a comida à boca, palitar os dentes e... tirar bicho-do-pé.

O Brasil põe a mesa: nossa tradição alimentar, de Vera Vilhena de Toledo e Cândida Vilares Gancho. São Paulo: Moderna, 2012. p. 57.

Foto atual de uma pessoa "comendo de capitão". Esse costume ainda é praticado por pessoas em muitos lugares do Brasil.

**a.** Entre os brasileiros, como era chamado o costume de comer com as mãos há cerca de 300 anos?

_____

_____

**b.** Por que os brasileiros evitavam utilizar a colher para realizar as refeições?

_____

_____

## Por dentro do tema

**Diversidade cultural**

### Uma diversidade de tradições

A maneira como cada pessoa ou grupo de pessoas segue alguns costumes pode ser muito diferente. O costume de tomar o café da manhã ou almoçar, por exemplo, pode ter maneiras particulares, próprias. Chamamos as maneiras próprias de cada um realizar essas atividades do cotidiano de **hábito**.

Os hábitos podem variar, dependendo do lugar e das pessoas. Veja exemplos relacionados à culinária e à alimentação.

Alcides mora em uma cidade no litoral. Um dos alimentos mais comuns na região onde ele mora são os frutos do mar, como peixes, ostras e camarões. Seu prato preferido é o pirão, um ensopado de peixe com farinha de mandioca.

A família de Leonardo é de origem árabe. Um de seus pratos preferidos é o quibe assado, que a sua mãe aprendeu a fazer com a sua avó. É uma receita especial da família.

Ilustrações: Gustavo Machado

Jéssica mora em uma fazenda no Mato Grosso, onde são produzidos quase todos os alimentos que ela e sua família consomem diariamente.

Jéssica come muitas frutas e verduras, mas adora quando sua avó prepara a paçoca de carne de sol, um prato típico da região.

A alimentação é um aspecto muito importante em nosso cotidiano. Ao conhecer como cada pessoa ou família se alimenta cotidianamente, percebemos como os hábitos podem ser diferentes.

Nas páginas **100** e **101**, um dos aspectos da alimentação de Alcides, Leonardo e Jéssica está relacionado ao lugar onde eles vivem ou às tradições familiares, passadas de geração para geração na família ou na comunidade em que vivem.

**a.** Qual é o seu prato preferido? Como e quando você costuma comê-lo? Conte para os colegas.

**b.** Você conhece pratos típicos de outras regiões ou culturas? Quais? Como eles são feitos?

QUANTA COMIDA DIFERENTE... EU GOSTARIA DE EXPERIMENTAR TODAS!

## Pratique e aprenda

**1.** Leia o texto a seguir sobre as mudanças nos hábitos alimentares das pessoas que viviam nas cidades brasileiras ao longo do século 20.

> As cidades brasileiras cresceram em tamanho e em população, o que provocou uma reestruturação da vida cotidiana em termos de moradia, alimentação e transporte. [...]
>
> À medida que a população crescia, houve necessidade de melhorar o abastecimento de víveres, já que os quintais não eram suficientes e iam desaparecendo, devido à necessidade de espaço para as novas moradias. [...]
>
> O ritmo da alimentação passou a ser determinado pelo horário de trabalho na fábrica, nas obras de construção, nos bancos, nas lojas. O café da manhã tornou-se mais rápido, o almoço passou a ocorrer no local de trabalho, geralmente trazido de casa, na marmita. [...]

*O Brasil põe a mesa*: nossa tradição alimentar, de Vera Vilhena de Toledo e Cândida Vilares Gancho. São Paulo: Moderna, 2012. p. 82-84.

**a.** Por que, nas cidades brasileiras, os quintais foram desaparecendo ao longo do século 20?

_____

_____

**b.** O que passou a determinar o ritmo da alimentação nas cidades brasileiras ao longo do tempo?

_____

# A importância da alimentação saudável

Atualmente, o dia a dia de diversas pessoas é marcado pela falta de tempo. Por isso, várias atividades cotidianas são realizadas de forma rápida, inclusive as refeições. Pratos como sanduíche, macarrão instantâneo ou outros de preparo rápido são muito consumidos, mas comer esse tipo de alimento todos os dias não é saudável.

Muitas pessoas procuram mudar seus hábitos alimentares melhorando sua alimentação, comendo alimentos variados e ricos em nutrientes que são importantes para manter a saúde.

A pirâmide abaixo mostra a quantidade ideal de cada tipo de alimento que pode ser consumida durante um dia, para que se possa ter uma alimentação saudável.

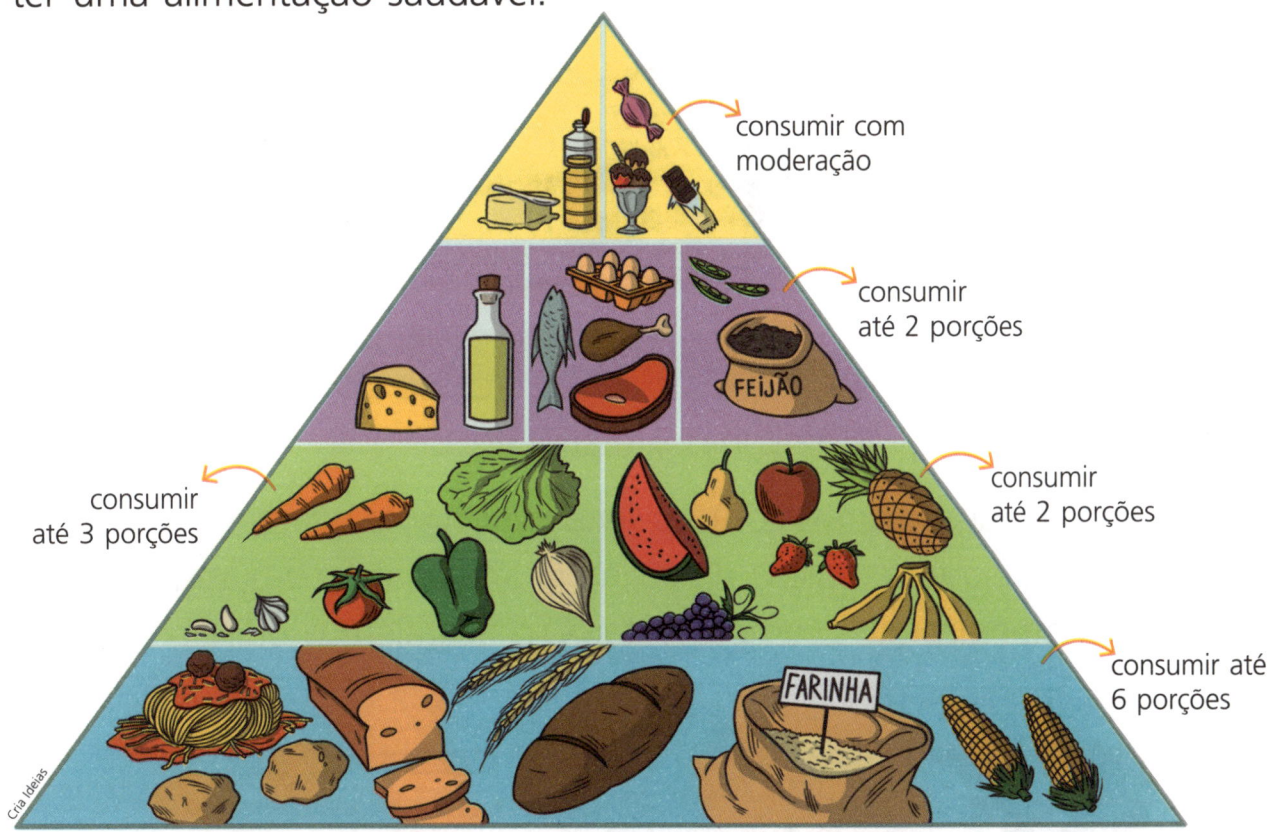

Pirâmide alimentar elaborada para crianças de 2 até 10 anos de idade.

**1.** Desenhe no caderno uma pirâmide alimentar baseada em sua alimentação. Depois, compare-a com a pirâmide acima.

**2.** Agora, destaque as peças do **Jogo da memória** na página **135** e junte-se aos colegas para aprender e se divertir!

# Hábitos alimentares no Brasil

Há cerca de 300 anos, a criação de gado foi uma importante atividade econômica na Região Nordeste do Brasil, em estados como o Ceará e o Piauí. Assim, a carne de bovinos ou caprinos, o leite e seus derivados eram os principais alimentos dos habitantes dessa região.

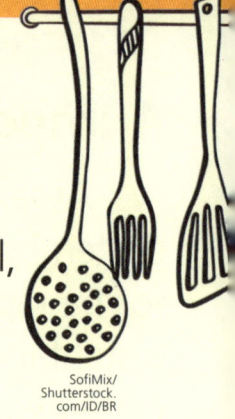

Ao longo dos anos, ingredientes como a carne-seca, a manteiga e a coalhada passaram a fazer parte das tradições alimentares desses estados e até hoje estão presentes em muitos de seus pratos típicos.

Tapioca de carne-seca com queijo coalho.

Ainda na Região Nordeste, em lugares como no estado da Bahia, a presença das culturas africanas é marcante.

O uso de ingredientes como o leite de coco, o azeite de dendê e a pimenta-malagueta, típicos da culinária africana, é comum nessa região e tempera pratos como o vatapá, o acarajé e o quibebe.

Acarajé de camarão.

As culturas indígenas amazônicas influenciaram muito os hábitos alimentares dos habitantes da Região Norte do Brasil.

Diversos ingredientes culinários dessa região são naturais da floresta Amazônica, como o açaí, o jambo e a mandioca. Além disso, as carnes de peixes, os camarões e as tartarugas, obtidos pela pesca, também são comuns.

Açaí branco e açaí tradicional, ao fundo.

Na Região Sul, especificamente no estado do Rio Grande do Sul, a criação de gado é uma importante atividade econômica. Os pampas, característicos da região, permitiram a criação de gado bovino em grandes fazendas, conhecidas como estâncias.

Com o tempo, a carne bovina assada em churrascos e o chimarrão, uma bebida feita com erva-mate e água quente, tornaram-se alimentos tradicionais dos gaúchos.

Tradicional churrasco gaúcho.

**1.** Alguns dos alimentos citados nas páginas **104** e **105** fazem parte do seu cotidiano? Como você os consome?

Cento e cinco **105**

Atualmente, várias comidas típicas de cada região podem ser encontradas em qualquer lugar do Brasil.

Em uma mesma cidade, como Belo Horizonte, no estado de Minas Gerais, por exemplo, em que vivem pessoas de todo o Brasil, podemos encontrar restaurantes que servem comidas da culinária cearense, gaúcha, baiana, mineira, etc.

## Divirta-se e aprenda

### Vamos fazer arroz-doce!

O **arroz-doce** é um alimento popular em várias regiões do Brasil. Ele foi incorporado e difundido na culinária brasileira pelos portugueses.

Esse prato é resultado de um encontro de várias culturas, pois os ingredientes que compõem o arroz-doce são originários de lugares onde os portugueses estabeleceram colônias ou relações comerciais há mais de 500 anos, como a Índia, a China, países da África e o Brasil.

Arroz.

Existem várias formas de preparar o arroz-doce. Uma das maneiras mais simples utiliza os seguintes ingredientes:

- arroz branco cru (aproximadamente 280 gramas);
- água (aproximadamente 720 mL);
- leite (aproximadamente 480 mL);
- duas colheres (de sopa) de açúcar;
- meia colher (de chá) de canela em pó;
- uma pitada de cravo em pó.

Cravo.

Canela.

Agora, para preparar o arroz-doce, peça a ajuda de um adulto e siga as instruções.

- Primeiro, cozinhe o arroz com a água até secar. Espalhe em uma travessa e leve à geladeira por cerca de 8 horas.
- Depois, misture o arroz com o leite e leve ao fogo baixo até esquentar, mas sem ferver.
- Misture o açúcar, a canela e o cravo. Polvilhe essa mistura no arroz-doce. Seu prato está pronto para servir.

Arroz-doce.

### Aprenda mais!

O livro *"Verdura? Não!"*: aprendendo sobre nutrição mostra algumas situações comuns em nosso cotidiano, como o costume de se alimentar todos os dias, muito importante para o nosso crescimento e desenvolvimento.

Com esse livro, você vai aprender sobre a importância da alimentação saudável e o porquê de comer ou não comer certos alimentos.

*"Verdura? Não!"*: aprendendo sobre nutrição, de Claire Llewellyn e Mike Gordon. São Paulo: Scipione, 2002 (Valores).

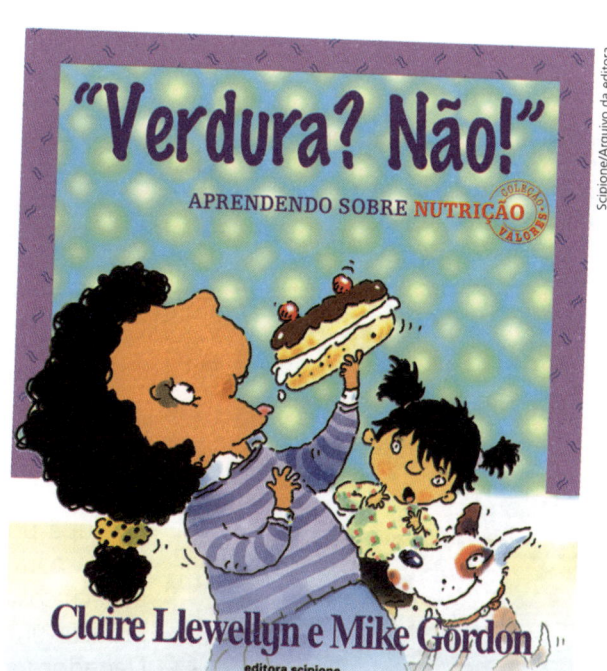

# O vestuário

As roupas, além de servirem para cobrir e proteger o corpo, podem ter várias funções, dependendo da situação do cotidiano. Observe, a seguir, a função de algumas roupas, no Brasil, há mais de 70 anos.

A roupa podia ser um traje de festa, usada em uma ocasião especial. Meninas em traje de festa, há cerca de 80 anos.

A roupa podia ser um uniforme de trabalho, usada diariamente. Trabalhador operando máquina, em cerca de 1920.

A roupa podia ser usada para fins específicos, como praticar um esporte. Nadador usando roupas de natação, há cerca de 80 anos.

**108** Cento e oito

# Pratique e aprenda

**1.** Nos espaços a seguir, desenhe você com as roupas que costuma utilizar nas seguintes situações:

Em casa.

Na escola.

# As mudanças na maneira de se vestir

Atualmente, no Brasil, as roupas também são usadas de acordo com a situação do cotidiano. Entretanto, por diferentes motivos, as vestimentas passaram por transformações.

Alguns uniformes de trabalho mudaram para oferecer maior segurança. Atualmente, são utilizados acessórios de proteção, como capacetes e luvas, para proteger o trabalhador em caso de acidentes.

Trabalhador utilizando equipamentos de proteção.

Alguns trajes esportivos passaram a ser fabricados com materiais e tecidos diferentes, que os tornaram mais leves e confortáveis para o atleta, aumentando seu desempenho físico.

Ciclista utilizando roupas próprias para a prática esportiva.

Há cerca de cem anos, as roupas usadas cotidianamente eram feitas com tecidos pesados, muitas vezes desconfortáveis. Atualmente, entretanto, essas vestimentas costumam ser fabricadas com tecidos mais confortáveis, que não incomodam.

Crianças utilizando roupas confortáveis.

Algumas mudanças na maneira de se vestir também acontecem de acordo com a moda. Isso ocorre porque muitas pessoas escolhem as roupas que vestem, de modo a expressar sua maneira de ser, pensar ou agir.

Adolescente e criança vestindo roupas que expressam sua maneira de ser.

Cento e onze **111**

## Pratique e aprenda

**1.** Escreva um dos motivos que levaram à transformação dos seguintes tipos de vestimentas na atualidade.

**a.** Uniformes de trabalho.

_____

**b.** Roupas usadas no cotidiano.

_____

**2.** Observe e compare as fotos a seguir.

**a.** Quais são as principais semelhanças entre os trajes esportivos retratados ao lado?

_____

_____

_____

**b.** Em sua opinião, qual dos trajes esportivos retratados é mais adequado para a prática de futebol? Por quê?

_____

_____

_____

**c.** Por que os trajes esportivos passaram por transformações?

_____

_____

**3.** Como você gosta de se vestir? Faça um desenho abaixo que represente você e a maneira como você gosta de se vestir. Em seguida, escreva uma legenda explicando por que você gosta de se vestir assim. Depois, mostre para os colegas.

_____
_____
_____
_____

## Para fazer juntos!

**1.** Em duplas, observem as fotos a seguir, que retratam crianças há cerca de 70 anos.

a. Descrevam as roupas utilizadas pelas crianças retratadas nas fotos.

_____
_____
_____

b. As roupas que vocês utilizam em seu cotidiano são semelhantes ou diferentes às roupas usadas pelas crianças retratadas nas fotos? Escrevam as semelhanças e diferenças.

_____
_____
_____
_____

# O uso de peles de animais

Há milhares de anos, os seres humanos, principalmente os que habitavam as regiões de clima frio, usavam peles de animais para se proteger do frio. Eles confeccionavam mantos, toucas e calçados.

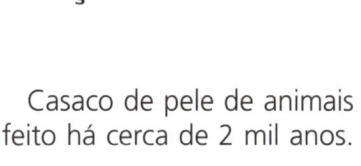

Casaco de pele de animais feito há cerca de 2 mil anos.

Ainda nos dias de hoje, as peles de animais são usadas na fabricação de vestimentas e calçados. Entretanto, com a invenção de tecidos e outros materiais sintéticos, elas estão sendo substituídas.

Além disso, nos últimos 50 anos, em vários países do mundo, ocorre um movimento de conscientização acerca do uso de peles de animais na fabricação de roupas, calçados e acessórios. Muitas pessoas defendem que matar animais para extrair sua pele é desnecessário e cruel e promovem campanhas e protestos contra as empresas que fabricam esses produtos.

**Vamos argumentar**

Em um debate de ideias, devemos sempre argumentar com base em dados e informações confiáveis.

Protesto contra o uso de peles de animais na fabricação de roupas. No cartaz está escrito, em francês, "Tenha um coração, diga não à pele". Paris, França, 2011.

**sintéticos:** fabricados em laboratório, industrializados

# Lazer e tempo livre

💬 • Depois que você já cumpriu todos os deveres do dia, o que você costuma fazer em seu tempo livre?

Existem diversas maneiras de ocuparmos o tempo que temos livre. Podemos descansar, refletir sobre algo ou nos dedicar a alguma atividade da qual gostamos, entre outras coisas. Observe a seguir algumas opções de lazer.

Pessoas em cadeiras de rodas jogando basquete em quadra no Rio de Janeiro, em 2008.

Foto que retrata pessoas em atividades de lazer no Parque Moinhos de Vento, em Porto Alegre, Rio Grande do Sul, 2016.

Foto de criança lendo livro infantil, no município de São Paulo, em 2014.

Foto de família assistindo à televisão, na cidade de São Caetano do Sul, São Paulo, em 2014.

O lazer é o tempo que temos para realizar atividades que não fazem parte dos nossos deveres cotidianos.

Existem muitas opções de lazer. No ambiente doméstico, por exemplo, pode-se jogar *videogame*, assistir a filmes e desenhos na televisão, realizar jogos e brincadeiras, ler, conversar.

Apesar de existirem diversas opções de lazer que podem ser realizadas em casa, muitas pessoas preferem realizar atividades em espaços públicos, como praças e parques. Nesses locais, as pessoas podem correr, andar de bicicleta ou fazer uma caminhada, por exemplo.

## Pratique e aprenda

**1.** As atividades de lazer podem nos ajudar a desenvolver diversas habilidades. Leia as legendas a seguir e cole nos espaços corretos os **adesivos** da página **139**.

Ao ler um livro, podemos estimular nossa imaginação e desenvolver nossa criatividade.

Praticar esportes em equipe favorece atitudes de cooperação e pode nos ajudar a fazer novos amigos.

Tocar um instrumento musical pode nos ajudar a desenvolver a criatividade, a coordenação motora e a concentração.

Jogos de quebra-cabeça nos ajudam a desenvolver habilidades como o raciocínio e a observação.

**2.** Se fosse realizar uma atividade de lazer ao ar livre, qual dos objetos a seguir você escolheria? Marque um **X**.

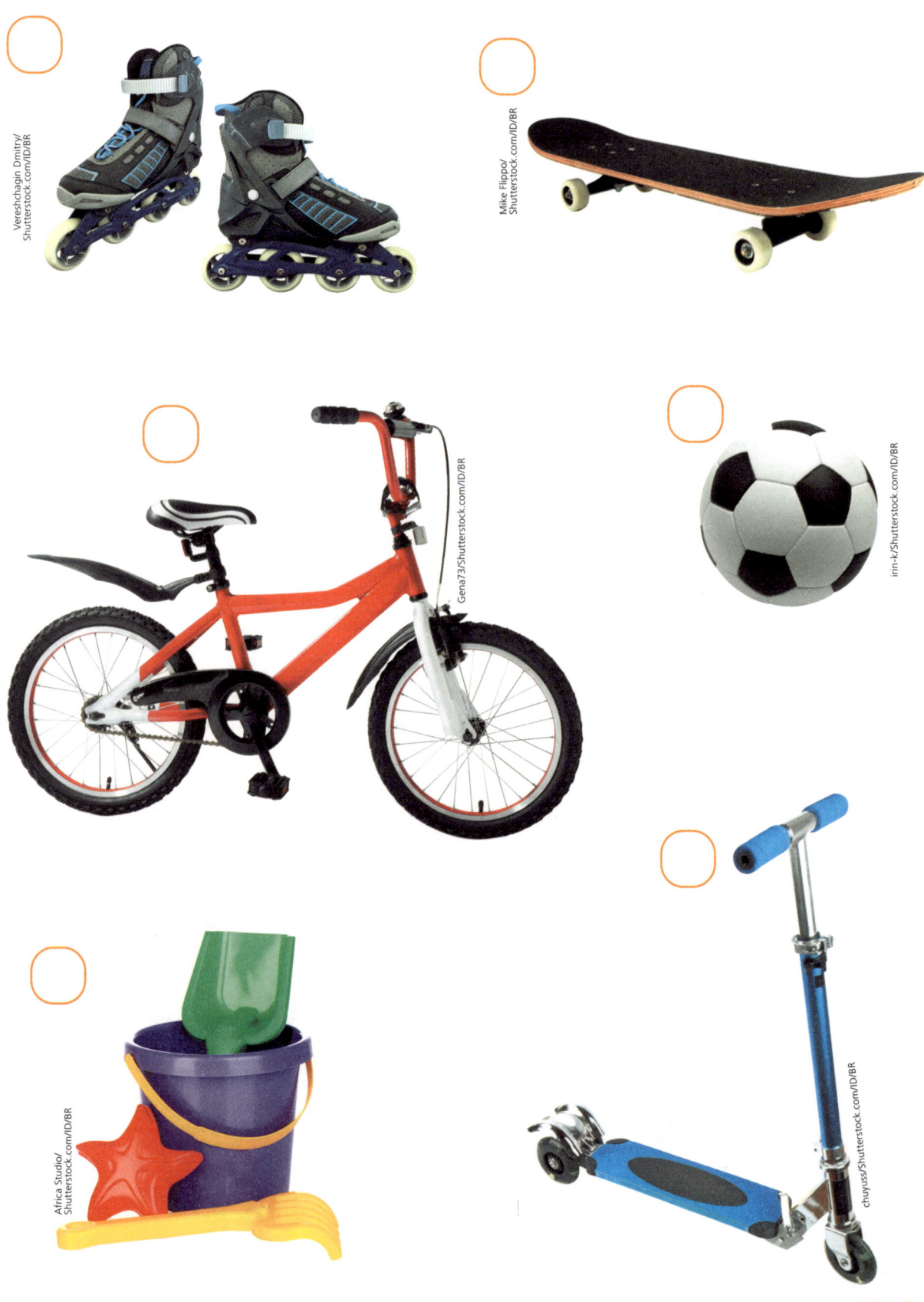

# O lazer em outras épocas

Leia os relatos a seguir.

> O circo ficava em qualquer lugar que dessem dinheiro, parava anos no lugar. Que eu me lembro bem é do Circo Queirolo, que andou por aí por esse mundo de meu Deus, sempre o povo apoiando porque não tinha quase outro divertimento. [...]
>
> *Memória e Sociedade*: lembrança de velhos, de Ecléa Bosi. São Paulo: Companhia das Letras, 1999. p. 374.

> Comecei a jogar futebol com nove anos. Naquele tempo tinha mais de mil campos de várzea.
>
> [...] Em cada bairro se fazia um campeonato, juntavam dez ou vinte clubes. Ali era uma coisa! O jogo da várzea era o que atraía a maior parte do público.
>
> *Memória e Sociedade*: lembrança de velhos, de Ecléa Bosi. São Paulo: Companhia das Letras, 1999. p. 138.

**várzea:** terreno vazio e plano, onde são realizadas muitas partidas de futebol de times amadores

> A gente não gostava de conhecer o artista, era uma decepção, porque a gente ouvia a voz e todos aqueles ruídos e criávamos personagens lindas, depois quando conhecíamos não era nada do que tínhamos imaginado. O rádio fazia a gente usar a imaginação.
>
> *Italianos do Brás*: imagens e memórias, de Suzana Barretto Ribeiro. São Paulo: Brasiliense, 1994. p. 91.

No passado, há cerca de setenta anos, não existiam tantas opções de lazer como atualmente. Grande parte das atividades de lazer era realizada em locais públicos ao ar livre.

Era comum, por exemplo, fazer piqueniques em parques e praças, ou jogar futebol em campos improvisados, os chamados campos de várzea.

Outra importante opção de lazer eram os circos, que atraíam um grande número de espectadores.

## Investigue e aprenda

### Cinema no Brasil

A primeira sala de cinema permanente do Brasil foi inaugurada em 1897, na cidade do Rio de Janeiro. Aos poucos, foi crescendo o número de cinemas em outras cidades do país. Eles costumavam ter apenas uma sala, que era ampla e com poltronas de madeira. Os filmes eram mudos e em preto e branco. Era comum que os frequentadores vestissem suas melhores roupas para assistir ao filme.

Observe a imagem.

**A**

Foto que retrata pessoas em frente ao Cinematógrapho Rio Branco, na cidade do Rio de Janeiro, por volta de 1907.

**B** Compare a foto da página **122** com a foto a seguir.

Foto retratando pessoas em frente a um cinema, no município do Rio de Janeiro, em 2011.

Agora, responda às questões a seguir.

**a.** Quanto tempo se passou entre a foto **A** e a foto **B**?

**b.** Como as pessoas mostradas na foto **A** estão vestidas?

**c.** Como as pessoas mostradas na foto **B** estão vestidas?

**d.** Você costuma ir ao cinema? Por quê?

**e.** Em sua opinião, quais são as semelhanças e as diferenças entre os cinemas de antigamente e os atuais?

## Fazendo história

### Cláudio Thebas

Para muitas pessoas, o palhaço é uma das principais atrações do circo. Com suas piadas e brincadeiras, o palhaço diverte e distrai o público enquanto outros profissionais do circo, como os mágicos e equilibristas, se preparam para suas apresentações.

Mas para o escritor, educador e palhaço Cláudio Thebas, ser palhaço vai muito além de divertir e distrair as pessoas. Para ele, ser palhaço lhe permite conhecer e se relacionar com as pessoas.

Cláudio Thebas nasceu em 1964, na cidade de São Paulo.

Para Thebas, ser palhaço é ter sua vida vivida plenamente e ele considera gratificante poder falar que é daquilo que vive. Segundo ele, o trabalho de um palhaço é sempre uma relação com as pessoas. "Todo dia vivo a experiência inacreditável que é o encontro com o outro", afirma. Para ele, a figura do palhaço é fundamental em qualquer sociedade. [...]

Palhaços famosos falam sobre sua profissão. *Folha de São Paulo*. Disponível em: <http://www1.folha.uol.com.br/folha/livrariadafolha/ult10082u664734.shtml>. Acesso em: 30 out. 2017.

**Vamos valorizar**

Podemos aprender muito com os saberes e as vivências de diferentes profissionais. Por isso, devemos valorizá-los.

## Pratique e aprenda

**1.** Com base nos conteúdos das páginas **120** e **121**, responda:

**a.** Que tipo de fonte histórica foi apresentada para obtermos as informações sobre o lazer no passado?

◯ Fotos.

◯ Objetos pessoais.

◯ Relatos.

**b.** Que atividades de lazer são citadas nessas fontes? Marque um X na resposta correta.

◯ Assistir à televisão, jogar futebol e ir ao cinema.

◯ Ouvir rádio, jogar futebol e ir ao circo.

◯ Ir ao teatro, jogar *videogame* e andar de bicicleta.

**c.** Quais das atividades citadas nos relatos são geralmente realizadas em locais públicos?

_____

**d.** Quais das atividades de lazer citadas nos relatos você costuma realizar em seu cotidiano?

_____
_____
_____

**e.** Quais são as principais diferenças entre as atividades de lazer citadas nos relatos e as que você costuma realizar no dia a dia?

_____
_____

**2.** Faça um desenho nos espaços a seguir representando as atividades de lazer que você costuma realizar

com a sua família.

com os seus amigos.

na escola.

durante as férias escolares.

### Aprenda mais!

Em *O circo*, escrito por Roseana Murray, você vai conhecer o cotidiano de um circo, desde sua chegada a uma cidade até sua partida, passando pela montagem de suas instalações e por suas apresentações. Por meio de poemas e ilustrações, você terá contato com os espetáculos de diversos profissionais do entretenimento, como o mágico, o cuspidor de fogo, o palhaço e a bailarina.

*O circo*, de Roseana Murray. São Paulo: Paulus, 2011.

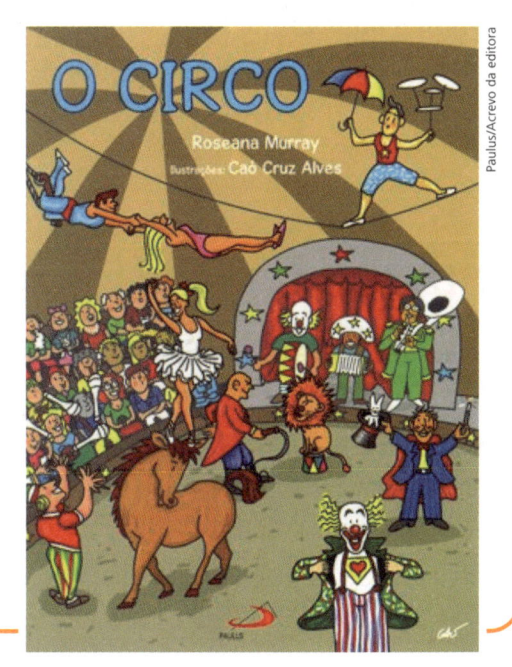

## Ponto de chegada

1. Defina o conceito de costume. Cite 3 exemplos de costumes que fazem parte de seu cotidiano.

2. Defina o conceito de hábito. Qual é a diferença entre os conceitos de hábito e de costume?

3. Quais eram as principais opções de lazer que existiam no passado? Quais delas ainda são comuns na atualidade?

4. Qual é a importância dos relatos para o estudo da História?

5. Produza uma frase que defina ou explique cada tema a seguir:
   - Hábitos alimentares
   - Vestuário e cotidiano
   - Uso de pele de animais
   - Lazer e tempo livre

Cento e vinte e sete **127**

# Bibliografia

BOSI, Ecléa. *Memória e sociedade*: lembranças de velhos. São Paulo: Companhia das Letras, 1994.

BRENTANI, Gerda. *Eu me lembro*. São Paulo: Companhia das Letras, 1993.

DEL PRIORE, Mary (Org.). *História das crianças no Brasil*. São Paulo: Contexto, 1999.

_____; VENÂNCIO, Renato. *Uma história da vida rural no Brasil*. Rio de Janeiro: Ediouro, 2006.

DIMENSTEIN, Gilberto. *O cidadão de papel*: a infância, a adolescência e os direitos humanos no Brasil. São Paulo: Ática, 2001.

ELEK, Edith M. (Org.). *Céu da boca*: lembranças de refeições da infância. São Paulo: Ágora, 2006.

FANTE, Cleo; PEDRA, José Augusto. *Bullying escolar*: perguntas e respostas. Porto Alegre: Artmed, 2008.

IACOCCA, Michele. *Eu como assim ou assado?*: conhecendo melhor o que você come. 2. ed. São Paulo: Ática, 2012.

KOSSOY, Bóris. *Fotografia e História*. São Paulo: Ática, 1989.

LE GOFF, Jacques (Org.). *A História nova*. 5. ed. São Paulo: Martins Fontes, 2005.

MACHADO, Ana Maria. *ABC do Brasil*. São Paulo: SM, 2008.

MEIHY, José Carlos Sebe Bom. *História oral*: como fazer, como pensar. São Paulo: Contexto, 2007.

MEIRELLES, Renata. *Giramundo e outros brinquedos e brincadeiras dos meninos do Brasil*. São Paulo: Terceiro Nome, 2007.

MUNANGA, Kabengele. *Origens africanas do Brasil contemporâneo*: história, línguas, culturas e civilizações. São Paulo: Global, 2009.

MUNDURUKU, Daniel. *Catando piolhos, contando histórias*. São Paulo: Brinque-Book, 2006.

_____. *Coisas de índio*: Versão Infantil. São Paulo: Callis, 2003.

PAIVA, Angela Randolpho (Org.). *Direitos humanos em seus desafios contemporâneos*. Rio de Janeiro: PUC-Rio/Pallas, 2012.

PIVA JÚNIOR, Dilermano. *Sala de aula digital*: uma introdução à cultura digital para educadores. São Paulo: Saraiva, 2013.

PORTO, Cristina; HUZAK, Iolanda; AZEVEDO, Jô. *Trabalho infantil*: o difícil sonho de ser criança. São Paulo: Ática, 2003.

PREZIA, Benedito; HOORNAERT, Eduardo. *Brasil indígena*: 500 anos de resistência. São Paulo: FTD, 2000.

RICE, Chris; RICE, Melanie. *As crianças na História*: modos de vida em diferentes épocas e lugares. Tradução de Mario Vilela. São Paulo: Ática, 1999.

RODRIGUES, Rosicler Martins. *Cidades brasileiras*: o passado e o presente. São Paulo: Moderna, 1992.

SANTA ROSA, Nereide Schilaro. *Brinquedos e brincadeiras*. São Paulo: Moderna, 2001.

SCHWARCZ, Lilia Moritz (Org.). *História da vida privada no Brasil*: contrastes da intimidade contemporânea. São Paulo: Companhia das Letras, 1997.

SEVCENKO, Nicolau (Org.). *História da vida privada no Brasil*: República: da Belle Époque à era do rádio. São Paulo: Companhia das Letras, 2001.

SILVA, Isabel de Oliveira; SILVA, Ana Paula Soares; MARTINS, Aracy Alves (Org.). *Infâncias do campo*. Belo Horizonte: Autêntica, 2013 (Caminhos da Educação do Campo).

SILVA, Kalina Vanderlei; SILVA, Maciel Henrique. *Dicionário de conceitos históricos*. São Paulo: Contexto, 2006.

TAVARES, Regina Márcia Moura (Coord.). *Brinquedos e brincadeiras*: patrimônio cultural da humanidade. Campinas: CCA/PUC-Camp, 1994.

**Referente à atividade 3 página 53**

# Dominó dos brinquedos antigos

Cento e trinta e um **131**

Cento e trinta e três **133**

**Referente à atividade 2 página 103**

# Jogo da memória

| | | | |
|---|---|---|---|
| CEREAIS, PÃES E TUBÉRCULOS **PREFIRA** | HORTALIÇAS **PREFIRA** | FRUTAS **PREFIRA** | LEGUMINOSAS **PREFIRA** |
| CARNES E OVOS **PREFIRA** | LEITE E DERIVADOS **MODERE** | ÓLEOS E GORDURAS **MODERE** | AÇÚCARES E DOCES **EVITE** |
| CEREAIS, PÃES E TUBÉRCULOS **PREFIRA** | HORTALIÇAS **PREFIRA** | FRUTAS **PREFIRA** | LEGUMINOSAS **PREFIRA** |
| CARNES E OVOS **PREFIRA** | LEITE E DERIVADOS **MODERE** | ÓLEOS E GORDURAS **MODERE** | AÇÚCARES E DOCES **EVITE** |

Cento e trinta e cinco

**Referente à seção Divirta-se aprenda páginas 12 e 13**

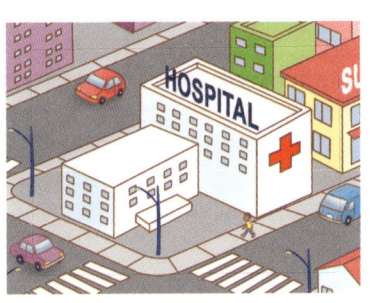

**Referente à atividade 3 página 39**

**Referente à atividade 1 página 70**

**Referente à atividade 1 página 118**